学校特色教育探索与实践
——德润教育探索之路

管升起　著

辽海出版社

图书在版编目（CIP）数据

学校特色教育探索与实践/管升起著．-- 沈阳：
辽海出版社，2019.3
ISBN 978-7-5451-5296-8

Ⅰ．①学… Ⅱ．①管… Ⅲ．①学校教育－研究 Ⅳ．
① G4

中国版本图书馆 CIP 数据核字（2019）第 048162 号

责任编辑：丁　凡　高东妮
责任校对：丁　雁

北方联合出版传媒（集团）股份有限公司
辽海出版社出版发行
（辽宁省沈阳市和平区十一纬路 25 号 辽海出版社　　邮政编码：110003）
北京市天河印刷厂印刷　　　　　全国新华书店经销
开本：710mm×1000mm　　1/16　印张：9.75　字数：140 千字
2020 年 1 月第 1 版　　2020 年 1 月第 1 次印刷
定价：48.00 元

前　言

《礼记·大学》云："富润屋，德润身。"意思是真正的富人的房子，不一定都要雕梁画栋，即使住在茅草屋里，进到他房子里的人都能感觉到一股兴旺之气；品德高尚的人，其身体外在就能反映其品行等内在气质修养，这就是所谓的"润"。德育与文化是水乳交融、密不可分的，也是相互促进、相得益彰的。"德润"校园就是以"德润文化"为主体，以"德润教师""德润学生""德润班级"为核心，用高尚的道德情操浸润心灵，在丰富实效的思想道德体验中提升全体师生的整体素质。

鉴于此，笔者撰写了《学校特色教育探索与实践——德润教育探索之路》一书。本书针对我国学校教育问题，尝试总结出学校特色教育模式——德润教育，对进一步加强高中校园文化教育具有重要的理论价值和现实意义。

本书共有六章。第一章论述了学校特色的基础理论，第二章从多元化视角对学校特色新型理论进行了研究，第三章阐述了学校特色实践工作，第四章对德润教育理论进行了多维度的探索，第五章论述了学校德润教育建设，第六章对德润教育实践案例采撷进行了系统地研究。

本书有两大特点值得一提：

第一，本书结构严谨，逻辑性强，以我国学校特色教育工作的研究为主线，对当代高中生的校园德润教育活动进行了系统性的总结，为德润教育的进一步实行提供了理论依据。

第二，本书理论与实践紧密结合，对德润教育的实践活动以及相关案例进行了深入探讨，尝试总结出适合校园文化提升、师生健康发展的学校特色教育方式，为德润教育的进一步完善奠定了基础。

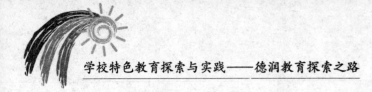

　　笔者在撰写本书的过程中，借鉴了许多前人的研究成果，在此表示衷心的感谢！

　　由于学校教育工作涉及的范畴比较广，需要探索的层面比较深，笔者在撰写的过程中难免会存在一定的不足，对一些相关问题的研究不透彻，提出的德润教育发展模式与提升路径也有一定的局限性，恳请前辈、同行以及广大读者斧正。

作　者

2019 年 3 月

CONTENTS

目 录

第一章　学校特色概述 ……………………………………………… 1

第一节　学校特色研究：回顾与展望 …………………… 3

第二节　我国学校特色的研究现状及主要学术观点 ………… 11

第三节　文化自信：新时代学校特色研究的重要向度 ………… 14

第四节　深化本土特色打造特色学校 …………………… 16

第五节　校园文化建设 …………………………………… 19

第二章　学校特色新型理论研究 …………………………………… 25

第一节　诺丁斯关心理论视角下的特色学校建设 ………… 27

第二节　特色学校的范式理论与形成机制 ………………… 30

第三节　学校特色的球形结构理论 ………………………… 35

第四节　现代课程理论下的学校特色化校本课程 ………… 41

第三章　学校特色实践工作研究 …………………………………… 47

第一节　学校德育工作的思考与实践 …………………… 49

第二节　学校综合治理工作实践 ………………………… 52

第三节　学校安全管理工作的实践 ……………………… 54

第四节　学校办公室工作的实践 ………………………… 57

第五节　学校后勤管理工作的创新实践 ………………… 60

第六节　学校社会工作下的高中学生工作实践 …………… 63

第四章 德润教育理论探究 ………………………… 67

　　第一节 立德润身，以文"化"人 ………………… 69

　　第二节 完美教育，德润学子 …………………… 72

　　第三节 德润教育奏响育人凯歌 ………………… 76

　　第四节 书香育人，德润校园 …………………… 78

　　第五节 文化学校，德润家庭 …………………… 81

　　第六节 "师"爱化雨时，"德"润细无声 ………… 84

　　第七节 "以美润德"德育模式探索与实践 ……… 86

第五章 学校德润教育建设 ………………………… 95

　　第一节 德润教育与德育 ………………………… 97

　　第二节 德润教育与课程 ………………………… 103

　　第三节 德润教育与文化建设 …………………… 107

　　第四节 德润教育与班级管理 …………………… 110

第六章 德润教育实践案例采撷 …………………… 115

　　第一节 德润文光：打造理想的精神家园——江苏省苏州市平江实验学校 ……………………………………………… 117

　　第二节 德润家校，智慧育人——广东省中山市小榄镇德星小学家校合力助推德育 …………………………………… 125

　　第三节 德润教育的构想——广西贵港市高级中学 ………… 130

结束语 ……………………………………………… 145

参考文献 …………………………………………… 146

第一章　学校特色概述

第一节　学校特色研究：回顾与展望

一、学校特色研究的主要内容

(一) 学校特色的概念界定

1. 局部性界定方式

学校特色的局部性界定方式亦可称为广义界定方式，例如："学校工作某一方面特别优于其他方面，也特别优于其他学校的独特的、稳定的品质"；再如："学校特色是指管理者和教育者根据现代教育思想和贵港市高级中学独到的办学理念，从学校实际出发，在教育实践中努力挖掘、继承发扬并积极创造某一方面或某些方面的优势，所形成的有鲜明个性、独树一帜、成效显著的运行机制、办学风格和教育教学模式"。采用这种界定方式的研究者认为，学校特色的对象范围非常广泛，学校中的任何人、事、物等，均有可能体现特色，因此，学校在哪个领域或哪一方面体现出来的与众不同的优势之处，都可称之为学校特色。同样，地方教育主管部门在实施学校特色创建及其教育评估中，也都采用这样的认识原则，从办学观念、办学思路、管理制度、学科教学、校本课程、课外活动、领导方式、学校文化、家校合作、道德教育、艺体特长等不同方面来评估学校特色。与之相应，现行多数中学的学校特色建设，特别是新建学校或薄弱学校，也都采用类似"你无我有、你有我优、你优我精"的方式，着力从办学管理、校本课程、地域文化、体育专项、艺术特长、课外活动、社会实践、德育模式等某一方面来打造学校特色。

2. 整体性界定方式

不言而喻，学校特色的整体性界定方式对大多数意欲打造学校特色、加快学校发展的中学来说，是难以接受的，因为它意味着只有底蕴深厚、

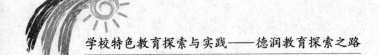

办学成效突出（特别是应试成绩突出）的那些所谓名校，才有谈论学校特色的资格。为此，有研究者提出了调和性见解，认为可以从工作层面与思想层面将学校特色分为初创阶段和成熟阶段，其初创阶段是指学校在办学业绩上具有局部性和发展性的工作层面特色，即学校工作在某一方面特别优于其他方面，也特别优于其他某些学校；其成熟阶段是指学校在办学业绩上具有整体性和稳定性的思想层面特色，即学校在长期的教育实践过程中积淀形成了特有的、优于其他学校的办学风格和文化传统。

（二）学校特色的创建方法

如何创建学校特色，一直是学校特色研究的重点问题，研究者围绕途径、方式、策略等进行了大量的讨论和探索。其代表性观点如下：

在这个问题上，研究者普遍强调，学校特色的创建既是一个从无到有的发展过程，也是一个由表及里的实践过程，必须脚踏实地、循序渐进。为此，有研究者专门针对学校特色创建中存在的"花样文章""生搬硬套""无根浮萍"等普遍性问题，指出学校特色的创建应该走"积蓄学校的底蕴，凝聚学校的精华，创新学校的思维"的道路；也有研究者专门针对学校特色的全面性、基础性、内生性等特点，提出必须规范创建的基础，走"规范化——精细化——特色化"的创建路径。还有研究者运用全息理论，将学校特色的创建途径大致分为三个阶段：①特质：孕育阶段，即从自然环境、历史传统、校长素质、教师素质、生源质量、教学设施等等方面，寻找区别于其他学校的某个独特之处，使之成为孕育出某一学校特色的最初特质；②特点：过渡阶段，即通过对特质着力孕育，使之产生从隐性到显性的飞跃，为最终形成特色进行量的准备；③特色：成熟阶段，即学校工作从某一特点扩展到全校范围并得到巩固和完善，就形成了学校特色。

二、对我国学校特色研究的反思性回顾

在我国，对学校特色的广泛研究始于20世纪90年代初，自1993年

《中国教育改革和发展纲要》颁布后，诸多理论研究者将目光聚焦到了中学学校特色建设上，许多研究者围绕学校特色的概念、特征、结构和功能、形成模式以及学校特色建设的误区及对策进行了理论探讨，并取得了一定的成绩。笔者通过对学校特色研究的相关资料的查阅，对我国学校特色的研究作出反思性回顾。

（一）学校特色的特征

有学者将学校特色理解为独特的办学特色，并认为它表现出独特、优质、稳定的教育特征；另有学者认为学校特色的创造是学校思想观念更新、资源重新组织和运用的过程，学校特色具有独特性、广泛性、领先性、相对稳定性四个特征；还有学者认为学校特色的内涵决定了学校特色具有"本体性、独特性、文化性"三大特征，等等。从上述回顾中我们可以看出，"独特性"是公认的学校特色的特征之一，是区别于其他学校的个性，是学校特色最基本的特征。学校特色的"优质性"是学校特色其他特征成立的前提，学校特色若只有新、奇、特，而无法做到优质，也称不上学校特色。另外，学校特色的"文化性"也是值得关注的特征，学校特色需要以学校文化为支撑。"稳定性"是学校特色的又一重要特征，这种稳定性并不是说学校特色是一成不变的，而是指相对稳定，即学校特色形成之后有一段时期的稳定阶段。这就告诉我们，创建学校特色不能今天一个特色，明天又换另外一个特色，这种急功近利的方式是不利于学校特色发展的。当然，从"相对稳定性"中可以看出学校特色亦具有动态发展性的特征。

（二）学校特色创建的误区及对策

由于一些学校教育工作者在学校特色的理解上存在偏差，在挖掘和创建特色的过程中走进了误区。研究者将其归纳如下：在对"特色"提炼上出现的问题：①特色表浅化；②特色项目化；③特色短暂化；④特色精品化；⑤特色泛化。继而针对已有问题提出了相应的对策：加快教育体制改

革，下放权力，给学校以适当的自主权；改革考试制度，变升学竞争为招生竞争；实现校长的专家化和教师的专业化；加强校本管理，开发校本课程。除此之外还有"为特色而特色"的认识上的误区：①为办学特色贴上标签；②将办学特色等同于特色项目；③盲目拔高办学特色。应该通过以下三方面的努力使学校在自我认同中生成合适的办学特色：①恪守义务教育的基础性，致力于学生的终身发展；②转化制约学校发展的问题，体现教育的智慧；③积淀优势的特色项目，惠及学校每一主体的发展。

笔者认为，造成以上学校特色创建误区的深层次原因主要是对学校特色的内涵理解不到位，进行学校特色创建时内部缺乏动力。由于对学校特色的内涵理解不到位，很多学校在进行学校特色创建时将学校特色等同于项目特色和某些特长，以偏概全；由于学校内部创建学校特色缺乏动力，使得许多学校不是教育工作者在教育教学工作中发现的特色，而是为了完成上级教育部门下发的任务而拼凑出的特色，这种带有应付性质、不符合学校成员意愿的学校特色创建是诸多学校走向误区的重要原因之一。这就要求学校教育工作者要在加强对学校特色内涵理解的基础上，激发学校内部的特色创建动力，自发地进行学校特色的创建，而不是为了应付上级或者是与其他学校攀比。

三、对今后我国学校特色研究的前瞻性思考

学校特色的创建和发展是学校可持续发展和教育发展的必然选择。教育工作者对我国学校特色的研究虽已进行将近20年之久，但是关于学校特色的研究仍有很大的发展空间。通过对我国学校特色研究现状的反思性回顾，针对研究中取得的成绩和存在的问题，对今后我国学校特色研究的走向作出前瞻性思考是有必要的。

（一）加深对学校特色建设的理论总结

从1993年《中国教育改革和发展纲要》颁布之后，我国各地中学开始竭力摆脱"千校一貌""万生一面"的办学模式，纷纷在各自的办学特色

上下功夫，做了多方面的努力，也取得了一定的成绩。在诸多期刊的论文中，可以看到许多学校教育工作者在自身特色建设实施之后所作的总结性的文章，虽然在这些文章中对其学校特色建设的过程作了相对完整的论述，但是缺乏对学校特色建设的系统的理论总结，探讨学校特色的理论工作者和进行学校特色实践的一线教师之间缺乏必要且深入的沟通，这无疑给学校特色的进一步研究造成了障碍。因此，理论研究者应该深入到学校特色建设的实践中去，对学校特色建设的实践情况进行理论总结，尽量避免理论研究与教育实践相脱离的现象发生，深化对学校特色建设的理论总结。

(二) 从多种理论角度对学校特色进行研究

通过对我国近年来对学校特色研究的梳理不难发现，学校特色已经成为学校教育的重要组成部分，每个学校都有各自的特色。许多理论工作者对学校特色进行思考以及广大中学校致力于学校特色的创建，取得了一定的成绩。但是，在学校特色研究领域缺乏对学校特色研究的系统的理论支撑和理论探讨，造成了众多学校在创建学校特色过程中，遇到了诸多影响学校特色继续向前发展的瓶颈问题，其原因主要在于关于学校特色的研究角度过于单一，应该从多种理论角度对学校特色进行研究，比如从系统论的角度对学校特色进行审视，透过复杂科学的视角以及共生理论的视角等来研究学校特色，这样既可以丰富学校特色研究的理论体系，又有助于学校特色研究的深入开展。

(三) 从不同主体对学校特色进行研究

在对我国当前学校特色研究现状做了详细分析的前提下，除了发现研究的理论角度单一，我们还发现诸多理论研究仅以学校为主体对学校特色进行研究，而对学校特色建设中不容忽视的主体，比如教师、学生、家长等的研究少之又少，这些因素往往被作为学校主体的陪衬物，没能以他们为主体对学校特色进行研究，这是目前学校特色研究的一个有待发展完善的地方，若站在不同主体的立场审视学校特色，将会带给学校特色研究新

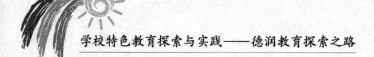

的面貌。

（四）有选择地借鉴国外学校特色成果进行研究

如今，学校特色的建设和研究已经成为国际教育界的共同课题，随着社会科技的迅猛发展，世界各国面临多元化的挑战，这同时对学校教育提出了更高的要求，追求和形成多元发展的学校特色，已成为当今世界的办学趋势。我国的教育以及社会背景是具有中国特色的，我国的学校特色建设是基于发展学校个性，突破传统的、整齐划一的模式而发展起来的；发达国家有的学校特色是为了种族融合、吸引学生回到少数种群学校等目的创建的，是在外国所处的特定环境下发展的学校特色，这和我国提倡的学校特色是有本质上的区别的。所以我们应该有选择地借鉴国外学校特色建设成果进行研究，有取舍地借鉴，以便更好地为我所用。

四、学校特色展望

长期以来，我国大部分中学形成的一刀切、齐步走、模式化、标准化等同质化现象，尤其是在"应试教育"下的"千校一貌"的办学模式和"万生一面"的人才培养模式，严重阻碍了学校的内涵发展和特色的形成。学校应如何办学，如何发展才能既有自己的办学特色，又能跟上时代的步伐？趋同的办学模式已不能适应时代的发展和社会对教育的需求。伴随着新一轮课程改革的实施和推进，学校办学多样化、个性化并形成各自的特色已成为学校发展的未来趋势和时代的选择。我国各地中学竭力摆脱"千校一貌""万生一面"的办学模式，纷纷创建学校特色，并把彰显学校办学特色、创建特色学校作为学校发展的重要目标和追求。

（一）强化理论引领与实践探索

目前，创建学校特色正在成为越来越多的学校发展的新趋向和新选择，而创建学校特色的长期性和复杂性也使人们越来越认识到学校自身力量的局限性。学校的进一步发展需要校长和教师具有先进的办学思想和教育理念，设计符合学校实际情况的发展思路和方案，这样才能打造出学校的特色。因此，学校特色建设需要以先进的理念、科学的理论和方法为指导，确保学校特色建设的科学性、时代性、教育性和适宜性，避免改革与实践的盲目性。

特色建设实际上是践行学校办学理念的过程。一所学校要办出自己的特色，必须有自己的"特色理论"用以指导其办学行为。然而，在中学，大部分教师的理论素养比较薄弱，教师忙于日常琐碎的教学和管理事务，很少有时间进行系统的理论学习。他们在长期的教育教学实践中虽然积累了大量实践知识和经验，但却缺乏把它们与学校的特色教育理念融会贯通的能力。"学校要突破现有的发展水平，获得更高层次的发展，仅依靠学校层面的研究和实践是远远不够的，还需要先进的理论加以指引，为学校的特色发展注入新的生机和活力。"因此，学校的特色发展落到实处需要理论引领，并需要借助专家的指导和帮助。

"学校特色不是凭空而来的，也不是一蹴而就的，而是在长期的办学实践中经过师生共同努力内在生成的。"只有在先进的办学思想和教育理念的指导下，通过师生不断的实践探索，才能丰富并发展学校特色的内涵，逐步形成稳定的、优质的、个性化的办学特色。因此，在办学实践中找寻学校特色建设的路径必须强化理论引领与实践探索。

（二）办出各自的特色

学校特色是基于学校的历史传统、实际情况在办学实践中逐渐形成的区别于其他同类学校的独特、优质且相对稳定的办学风格，体现在学校办学工作的某一要素、方面或范围上。每所学校都应该贯彻党的教育方针，然而，不同的学校其基础和优势不同，贯彻教育方针应该是一种创造性的行为，因此所形成的学校风貌可以也应该千差万别，各具特色。也就是说，特色是在全面落实党的教育方针的基础上，在教育改革实践中积极创新、全面优化，逐步形成稳定的办学风格和模式。我国的学校由于受"评估"的影响，评选出的相对较好的学校就成为其他学校模仿的对象，造成学校之间严重的同质化现象。特色学校"创建"运动可能会导致新的模式化。因此，学校的特色化、个性化需要被着重强调。党中央在《国家中长期教育改革和发展规划纲要（2010—2020年）》中所提出的中学要"办出各自的特色"，其含义所指是非常明确的。其中的"各自的"是指"各个学校自己的"，即各个学校办出自己的特色。

在党的教育方针的统一指导下，各校的发展由于历史条件、社会环境、教育者和受教育的对象不同，必定会形成各自的办学特点。办学特色是指在全面贯彻教育方针、全面提高教育教学质量的前提下，充分发挥本学校的优势，选准突破口，以点带面，逐步形成有别于其他学校的独特风格。根据学校的历史、传统、优势等确立自己学校的特色，这实际上是如何寻找突破口的问题，即从何处入手确立办学特色的主题。确定特色主题必须基于学校的现实，不可好高骛远，还要分清主次、突出重点，找准特色定位和突破口。然而，在学校特色建设过程中，"存在着特色泛化、浅表化、局部化、形式化、简单化等误区，不同程度地影响了办学特色的形成、特色学校的建设"。

（三）由局部向整体推进

学校特色的构建需要漫长而复杂的过程。从理论上来看，学校特色是有关办什么样的学校、怎么办学校、学校办得怎么样的问题，涉及办学理念、办学定位、人才培养、办学效果等教育核心问题。学校要办出特色，成为"特色学校"，受制于多种现实条件。然而，学校特色建设需要通过内涵式自主成长来发展，凸显育人为本，强化理论引领与实践探索，办出各自的特色，由局部向整体推进。在办学实践中真正落实以师为本的管理理念，以校园文化建设为核心，以促进学生发展为目的，通过富有特色的课程、教师队伍建设、教育教学、学生指导等形成各自的办学特色。从教育改革目标上看，《国家中长期教育改革和发展规划纲要（2010—2020年)》倡导学校办出特色的目的是要改变我国学校目前存在的大同小异的现实状况。学校应是独一无二的，但不可否认，在学校特色发展过程中存在着诸如特色泛化、特色浅表化、特色形式化、特色缺乏实质性推进等问题，面对这些问题，将如何进行深入的探索和超越已成为当前学校特色建设继续向前发展亟待解决的现实问题。

第二节 我国学校特色的研究现状及主要学术观点

自 1993 年《中国教育改革和发展纲要》提出中学校要"办出各自的特色"以来，学校特色研究便构成了教育研究的一个新兴领域。与之相应，通过创建学校特色，实现学校的内涵发展，使学校在竞争中立于不败之地，也成为许多中学改革与发展战略的必然选择。而随着《国家中长期教育改革和发展规划纲要（2010—2020 年）》的颁布，随着国家进一步"鼓励学校办出特色"，我国学校特色研究与实践必将向纵深发展。因此，对以往学校特色研究的状况加以审视，推动我国学校特色研究的发展，就显得非常必要。

一、学校特色研究的现存问题

（一）学校特色研究的理论对应物问题

谈到学校特色研究的理论对应物，大家都不约而同地直指"千校一面、万人同语"的教育同质化现象。那么，这种现象产生的缘由，应该是学校特色研究的首要对象之一。譬如，它与办学实践中行政管理的政策导向、资源配置、管理体制、考试制度等有何因果关联，与学校教育界理念共识过多、实践供需趋同、文化传统保守、改革创新跟风等有何内在联系，与社会政治、经济发展对人才类别多样化和人的发展个性化的需要之间有何利害冲突？对于这些问题的系统探讨，不仅有助于提高学校特色研究的理论针对性，也有助于提高学校特色研究的实践针对性①。

(二) 学校特色概念的多元兼容性思考

现行研究中出现的主要质疑和论争，都直接、间接地集中在学校特色这个概念的内涵理解上。延伸出了办学特色、教育特色、特色学校等表述方法，但持"局部性界定方式"的学者依然"我行我素"；此外，概念的具体运用也不尽严谨和统一，即某种界定方式的研究者，在论及学校特色的创建策略、方法或原则时，又不知不觉地采用或混用了另外的界定方式。这种状况如果继续持续下去，势必影响学校特色研究的顺利发展。当然，强求统一不是科学研究的态度，不过，作为研究者有必要清醒地意识到，该论争的长期存在，本身就说明双方都有一定的缺陷。因此，如何合理地兼收并蓄，如何有机地兼顾学校特色的不同表现形式及其含义，应成为研究者考虑的问题。

二、学校特色主要学术观点

作为学校特色创建过程的总体性指导思想和原则性操作方法，创建策略的探讨自然是学校特色研究的一个显见热点。尽管研究者对哪些是学校特色创建的策略和学校特色创建有哪些策略尚未达成共识，但是提出的策略名目较多。其中，相对系统的观点主要有二：

(一)"系统三维运作"说

林冬桂在借鉴美国学者的"系统工程三维结构"理论的基础上提出，学校创建特色是一项系统工程，是学校教育管理者在系统科学、教育科学、心理科学、学校管理学等科学理论的指导下，按照系统结构的方法，从理论维、决策维和操作维展开的创建和发展学校特色的系统三维运作过程：①理论维——学校管理者必须加强对相关理论的学习，掌握科学的原

---

① 黄俊杰.全球化时代的大学通识教育 [M]. 北京：北京大学出版社，2006.

理，确立有特色的办学理念和教育管理理念，才能指引学校开展创建特色的活动；②决策维——对学校特色创建的实践活动进行系统分析和全面规划，制定出切合学校实际、具有可操作性的实施蓝图，便于学校各项具体活动围绕创建特色的目标有序地展开（其运作一般包括条件分析、要素选择、特色设计、模式优选和系统整合等环节）；③操作维——以学校创建特色实践活动的实施方案为依据，按计划、有步骤地对学校创建特色的各项工作进行有效调控，逐步推进学校特色的建设和完善的过程：落实发展方案，实施动态调控，优化实践效果（其运作包括计划、实施、评价、总结四个基本环节）。

（二）"三力合一"说

姚小萍在总结当地学校特色创建的成功经验的基础上提出，学校特色创建虽然离不开教育行政部门的推动、教研机构的牵动以及基层学校的主动的"三动"协同，但是就学校内部的实践主体因素而言，校长是核心，教师是关键，学生是主体和目的；只有当校长的领导力和教师的执行力共同指向学生的发展力，即"三力"合一时，才能催生出学校特色的硕果。①校长的领导力——作为学校发展的"领航人"，校长在推进学校特色创建和发展的进程中，是否具有独特的领导力，是学校特色创建的前提，如：确立师生行动指南的自主规划能力、将教育理念转化为教育行为的课程实施特色化能力、塑造学校文化为氛围的特色文化培育能力；②教师的执行力——学校的特色发展，重在决策，贵在执行；教师能否认同学校特色发展目标并将之逐步落到实处，是学校特色创建的根基；③学生的发展力——在学校特色创建过程中，学校能否通过建设特色化的课程体系、教学模式、德育管理等，为学生有效发展提供优质的、有特色、个性化的教育服务，促进学生的健康发展和潜能激发，是学校特色创建的根本和终极目标。

第三节　文化自信：新时代学校特色研究的重要向度

校园文化是一所学校特有的精神环境和文化氛围，是师生的心理"磁场"，能在无形中统摄全体师生的灵魂，起着"春风化雨、润物无声"的育人功能。因此，创建特色校园文化是现代教育发展的需要，也是办人民满意教育的内在要求。多年的实践表明：发掘独特文化基因、构建特色校园文化，是丰富学校教育内涵，推动学校教育特色形成的有效途径。

一、发掘校园文化研究的向度

一所学校植根在一定的地域环境，面向一定的族群，融合了一定的文化传统，拥有自身发展的历史轨迹，必然有它独特的文化基因。从独具慧眼的视角，深入探索研究学校的历史渊源和固有特征，从而发掘出这些文化基因，这是创建校园特色文化的必由之路。笔者主要从以下两个视角去发掘校园文化基因。

（一）从学校历史文化中发掘

每所学校在它发展的历史过程中都会形成文化积淀，构成这所学校的文化底蕴，就像是学校的灵魂。在设计校园景观和定位办学理念时，应首先锁定学校历史文化视角，从校园发展历史中发现文化积淀，提炼优秀文化基因，并赋予它时代精神和内涵，在延续和传承中用心加以培植，让发展历史中形成的独特文化彰显出来，使老树绽放新花，杏坛一枝独秀，逐步发挥出它的张力，从而提升学校独特的文化品位与魅力。从深入调研中，笔者发现贵港市高级中学历来崇尚读书，喜好诵读经典，于是我给她注入了新的内容，引导读名著名篇、读传统文化经典，开辟图书角，设置文化长廊，成立读书社，开展"经典诵读"活动，把"好读书"打造成了贵港市高级中学的一张名片。

(二) 从继承传统文化中发掘

中华传统文化不仅具有符合中国社会发展客观要求的"爱国""和谐""诚信"等理念，还包含着许多为人类所共同遵循的智慧，它是中华民族永远不能离别的精神家园，更是学校教育取之不尽、用之不竭的精神宝库。发展校园特色文化，笔者努力发掘贵港市高级中学在传承中华优秀传统文化方面的侧重点，研究它们的现实意义，将它们固化为办学理念加以弘扬，从而营造浓郁厚重的人文气息。贵港市高级中学侧重儒家思想的传承，因此办学目标强调了人文课堂、儒雅学生，"三风"建设注重诚信笃学。

二、特色文化研究的平台向度

(一) 以办学理念彰显文化特色

办学理念是学校核心价值观和师生群体意识的综合体现，它以办学宗旨、办学理念与办学目标，校训、校徽与校歌，校风、教风与学风为展示平台，体现在学校的一切教育教学活动和师生思想行为中。校园特色文化是一所学校的名片，要通过办学理念加以固化，使之成为师生的一种文化意识，追求的一种时尚。办学理念应该内涵精辟凝练，彰显办学特色，内容简洁明了，易于师生记诵。学校的办学策略和发展规划，也应该将校园特色文化创建的具体项目、方法步骤涵盖其中。贵港市高级中学将"书香校园""高效课堂""因材施教""臻于至善"等特色文化基因，定格为办学目标、校训校风的内容，在校园醒目的位置展示出来，为全体师生所熟知。在设计校徽图案时，贵港市高级中学校标核心形象由"贵港高中"汉语拼音字母"GGGZ"变幻形成，如一朵正在绽放的荷花，寓意贵高学子是贵港荷城最美丽的花朵；又如一只展翅欲飞的凤凰，寓意贵高学子如凤凰展翅飞向美好的明天；又如一个熊熊燃烧的火炬，寓意一代又一代的贵高人薪火相传，共创辉煌；墨绿色的底色是荷叶的颜色，象征着"绿色贵高"的办学特色，形象地展示给师生和社会，较好地展现了丰富的校园特色文化。

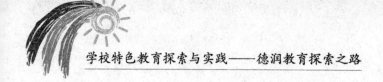

（二）以校园环境展现文化个性

校园环境最能直观地展示校园文化，只有将校园特色文化用景观具体化，校园必然会"每一面墙能说话，每一处景能育人"。制作校园景观，需要以精巧、和谐、实用的设计，表述特色文化的内涵；把学校的办学理念、教育特色，物化为名人画像、人文图案、景观名称，以此弘扬学校文化特色。在景观文化建设中，笔者坚持一要彰显思想文化特色，二要弘扬育人文化特色，三要指向地域文化特色，设计充分考虑学生的年龄和审美特征。在这种理念的指导下，既融合各种文化要素，又因地制宜、彰显学校文化特色，师生耳濡目染，文化特色自然会潜移默化为学校特有的人文素养。

（三）让行为举止体现独特教养

学校教育不仅教给学生科学文化的本领，更要传授做人的道理，以思想道德来规范学生的言行举止。五千年中华文明形成的礼仪规范、传统美德和当代社会主义核心价值观，是人们行为举止的重要规范。学校需要通过系列行为教育，让学生潜意识中的核心价值观，通过行为举止变得具体化、规范化，与日常生活接轨，同时打上富有该学校特色的烙印。如贵港市高级中学开辟"学礼仪、讲文明"校园电视节目、"读经典、学传统"等道德礼仪文化宣传阵地，开展"与书同行，与经典为伴"阅读系列周活动、"寻找美德足迹"远足体验活动，将传统礼仪教育与现代礼仪培养融合起来，纠正了日常不文明的行为举止，促进了学生良好行为习惯的养成。

第四节　深化本土特色打造特色学校

要有效地解决校本文化建设中存在的问题，就必须搞清校本文化建设的内容。只有从学校本土实际出发，才能打造出具有个性和魅力的特色校本文化。

一、构建富于本土特色的校本环境文化

学校的环境文化是一所学校办学理念、个性风格、人文精神等的显性综合外观。环境校本文化要具有特色，就要利用和弘扬好本土地域文化，因为本土地域文化是校本文化建设之根。为此，就要充分挖掘和展示出本土地域特色和文化特色，如历史人文资源和自然资源。可按"教育、示范、熏陶、导向"目标设计，突出整体景观，以点带块，以线促面，逐步推进，从而打造出校本文化的地域特色。如抓住"第一眼印象"，强化校门入口景观建设，将最能体现地域文化特色的人、物、景引进校园，让学生感受地域文化的魅力，领悟地域文化的内涵，从而激发起热爱家乡、宣传家乡、建设家乡的志向。也可在学校醒目位置精心设计地域文化宣传栏或文化墙，使学生对家乡的文化概况、名人文化精髓等有较为详细的了解，做到让墙壁说话，让石头育人，让标志传意。如贵港市高级中学着力打造以"德润教育"为特色的校本文化，"润"受启发于学校与圣湖的密切渊源，体现着学校依圣湖而建之地域特色，力求将圣湖水滋润学校沃土、圣湖精神润泽师生心灵的现状运用于教育教学过程，是对广渊沉稳、润泽万物圣湖精神的深刻挖掘。"德润教育"作为学校全力打造的品牌，代表着学校一贯的教育标准和规则，渗透、融入到了各项工作的方方面面，对师生成长及学校发展都具有重要意义。"立德明智、协和创造"校训是对"德润教育"理念的顺承和延展，是对"德润文化"的具体实践和落实。学校道路和教学楼的命名体现了深厚的文化底蕴。

二、构建富于本土特色的校本管理文化

学校的管理文化要遵循教育管理规律，顺应时代的发展，凸显办学个性，体现学校特色，它的终极目标在于形成民主和谐、公平公正、高效有序的管理文化。在建设中要注意做到：以人为本，极大调动师生工作学习

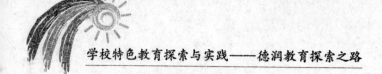

的积极性；切实可行，使之成为师生日常工作学习的规范；促进发展，使之成为学校与师生共同成长的支点。贵港市高级中学在多年实践探索和不断完善的基础上，形成了适合自身进步和发展的"规范有序、高质高效、分级负责、评价激励"管理理念，形成了贯彻这一理念的"四线一体"工作管理网络，即：构建以学校——教务处和科研处——教研组——学科教师为主体的课堂教学主线；完善以校长——政教处——年级组——班主任为主体的德育管理主线；形成以党委——党支部——团委会（学生会）——年级团总支（年级学生分会）——班团支部（班委会）为主体的学生自我教育管理主线；完善以学校——社区——家长委员会——家庭为主体的社会力量参与的辅助教育管理主线。为了确保理念的贯彻和工作管理网络的顺畅运作，我们研究制定了一系列配套制度。比如，《贵港市高级中学教师工作考核细则》《贵港市高级中学教职工评先评优办法》《贵港市高级中学学生礼仪规范》《贵港市高级中学文明班级、文明宿舍评选办法》等规章制度的实施，既为评价师生工作学习提供了依据，促进了公平公正，也为师生的健康进步与成长起到了引导和激励作用。

三、构建富于本土特色的校本课程文化

贵港市高级中学围绕"德润文化"，构建"德润"校本文化，因地制宜，有意识地挖掘德润文化内涵，各学科根据学科特点开发德润校本课程，编写校本课程《走进荷城》《贵港市高级中学"德润"教育读本》等这些校本课程将育人目标"明义端方、齐圣广渊的时代新人"及圣湖之于贵高的文化意义上的象征等思想融入其中，渗透到日常的教育教学中，形成了知礼懂礼、明白事理的"德润"校本文化。

四、构建富于本土特色的校本行为文化

校本行为文化是学校师生对校本文化的实践，表现在实践过程中的行为特点、行为内容、行为效果。在校本行为文化建设中，既要重视学生的实践主体作用，又要重视教师的示范表率和引领作用；既要重视学校管

理者的情感体验，又要重视广大师生的情感体验，力求使广大师生在行为实践中认同学校的管理理念、管理制度、管理措施、活动安排等，从而内化为发自内心的日常自觉行为，最终形成独特的校本行为文化。贵港市高级中学基于"德润教育"本土实际，扎实开展了一系列"德润"教育活动：组织学生学习礼仪知识并应用于日常生活实践中；每天早读课进行10分钟诵读或背诵经典诗文教材；开展争做"文明之星"等系列活动。这些活动的开展，目的就在于让学生践行"德润"校本行为文化，使学生在实践中、在体验中认同"德润"教育，从而将"德润"内化为自觉行为，让自己成为一个知礼懂礼、明白事理的人。

第五节 校园文化建设

"千教万教，教人求真；千学万学，学做真人。"陶行知先生的教诲，向我们揭示了教书育人的真谛。育人不仅是在课堂中，还可通过校园文化。校园文化是学校全体师生在学习、工作和生活的过程中所形成的并共同拥有的价值观、信仰、态度、作风和行为准则。师生置身于积极向上的校园文化氛围里，就会感受到一种积极向上的动力、一种清新、一种诗意、一种生机、一种无形的约束、一种浓郁的文化气息，在这样的环境里耳濡目染，学生的举止行为才会日趋规范，学生的审美能力就会在潜移默化中提高，学生的文化艺术水平才会不断得到丰富和提高，学生的情操也会在不知不觉中得到熏陶。这样更有利于提高学生思想道德素质、完善人格、开发智力、丰富文化生活、陶冶情操，促进学生全面发展。作为教育载体的学校应从多角度发掘校园文化，建设积极向上的校园文化。优美的校园环境文化有着春风化雨，润物无声的作用。给人赏心悦目的感觉，会使人产生积极向上的激情，会激发学生热爱学校，进而热爱家乡、热爱祖国的高尚品德。

一、校园物质文化的建设

校园物质文化作为一种物质的客观存在，能为人们的感官直接感受，具有直观形象的特点，诸如校园的地理位置和校园建筑、校园里的树木、花坛绿地、假山亭子、雕塑、墙壁以及各种文化设施、教科研设施、生活设施等。它包含了设计者、建设者、使用者的价值观、审美观，具有相当的持久性。校园物质文化建设是推进学校文化建设的必要前提，是校园文化建设的重要组成部分和重要支撑。良好的、个性化的高品位的校园建设，一方面可起到美化、装饰环境的作用，另一方面又能以其独特的物质文化形态影响学生，起到陶冶情操、净化心灵的作用。

（一）找准着力点，因地制宜，搞好校园文化的基础建设

合理规划安排教学区、运动区、生活区，根据各功能区的作用和特点设置文化主题，使校园一草一木、一砖一石都能成为育人的载体。使校园的每一个角落、每一个场所都成为陶冶学生情操，净化学生心灵，在潜移默化中带给学生善与美的教育资源。

要加强校园环境建设，使整个校园干净、整洁、美观、有序。要对校园人文环境进行精心设计，充分发挥师生的主体性，鼓励师生积极参与校园环境的设计、维护和创造。充分利用精美的雕塑、醒目的标语、优美的画廊以及草坪和花木等，营造良好的文化氛围，体现物中求美，美中育人，起到调动学生的思维和情愫、怡情励志的作用。

（二）抓住核心点，搭建平台，提升校园文化的人文建设

学校应当是世界上最美的地方。校园之美在于继承与发展，在于和谐与人文，在于特色与品位。因此，学校校园文化建设必须坚持社会主义办学方向，继承和发扬中华民族优秀的文化传统与革命传统。同时又要积极

吸收有益的外来校园文化的新观念、新经验，使传统文化、外来文化为我所用，并形成学校特色。校园文化建设要体现时代的要求，现代文化的发展。要在网络文化建设、校园文化活动等方面下功夫；要以文化讲坛为载体，实现传统文化进校园、高雅艺术进校园、政治经济要人、科技文化名人进校园。学校的校训、校徽等设计，要体现学校特色和以人为本、以德育人的教育理念。校园要营造浓郁的文化氛围，让各具特色的走廊文化、墙壁文化、办公室文化、教室文化、寝室文化、功能室文化都隐含着教育功能。营造出一个健康文明、高雅和谐、奋发向上的育人环境。

二、突出关键点，完善制度，促进校园文化的品位建设

校园文化建设有一个重要的功能，就是规范学校成员的行为，告诫人们该做什么，不该做什么。要发挥校园文化的这一功能，自然离不开必要的制度。学校的各项管理制度，既是广大师生的行为准则，又是校园文化的重要内容和表现形式。学校应建立健全科学的管理制度，使学校各项工作有章可循，体现依章治教、依章治校。学校重大事项的决策和实施，要按章办事、不徇私情，体现公平、公正、公开的原则，促进广大师生形成良好的行为习惯、健康文明的生活方式，高尚的道德情操和积极向上的精神风貌。

学校的制度文化是校园文化建设的重要组成部分。制度之所以能够称之为文化，是因为它所起到的作用绝非仅仅是规范教师和学生的行为，更多的是帮助、培养和提高学生的素质，其根本着眼点在于发展。学校的办学理念要指引教师和学生和行为，必须靠制度来帮助，有制度的力量，理念才会发挥更大的作用。

三、校园精神文化的建设

在校园文化建设中精神文化是目的，是校园文化的核心，也是校园文化的最高层次，体现着校园文化的方向和实质；物质文化是实现目的的途径和载体。精神文化主要包括校园历史传统和被全体师生认同的共同文化

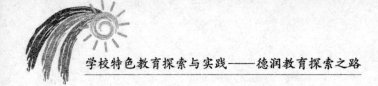

观念、价值观念、生活观念等意识形态，是一个学校本质、个性、精神面貌的集中反映。校园精神文化又被称为"学校精神"，并具体体现在校风、教风、学风、班风和学校人际关系上。

（一）校风建设

校风建设实际上就是校园精神的塑造，校风作为构成教育环境的独特的因素，体现着一个学校的精神风貌。在校风体现形式上，校风主要表现在校训、校歌、校徽和校旗上。2007年根据市教育局对校园文化建设的指导意见，贵港市高级中学抓住百年校庆的契机，在师生的共同努力下设计了独具特色的校徽，编写了校歌，并且让学生学唱校歌。

（二）教风建设

要抓好校风建设首先必须抓好教风建设，因为学校是育人的场所，是人才的摇篮，而教师是人才的培养者，理应在"三育人"（管理育人、教书育人、服务育人）的过程中发挥主力军的作用，只有在教师中树立起为人师表、教书育人、治学严谨、认真负责、耐心细致、开拓进取的教风，才能引导和促进优良学风的形成。总之，没有良好的工作作风和教风就难以形成良好的学风。

（三）学风建设

优良学风像校风、教风一样，对学校教育教学质量的提高，对学生人格品质的发展和完善，对培养全面发展的接班人，都有重要意义。培养良好的学风应该从以下两方面入手：①重视学生的理想教育。学生在接受教育的过程中，一定要有理想，这是他们前进的目标和动力。②对学生进行心理健康教育和辅导。创设培养心理健康的情境，让学生克服依赖性，增强独立性，提高承受挫折的能力；辨清生活中的真善美，认识现实中的假恶丑；树立克服困难、争取胜利的雄心壮志与毅力胆识。适时还要加强少年儿童心理健康的辅导，使学生有一个积极健康的心理，才会有乐观开朗的性格。

(四) 学校良好的人际关系建设

学校人际关系包括学校领导之间的关系、学校领导与教职工之间的关系、教师之间的关系、教师与学生之间的关系、学生与学生之间的关系。良好的学校人际关系有助于广大师生员工达到密切合作，形成一个团结统一的集体，更好的发挥整体效应，增强集体的力量。

第二章 学校特色新型理论研究

第一节 诺丁斯关心理论视角下的特色学校建设

一、关心理论下特色学校的基本理念

(一) 回归人本的特色教育

关心理论下的特色学校有明确的价值取向，即以人为本的教育理念。特色学校的建设必须坚守让人获得智慧、道德和幸福的教育目标，这是特色学校也是所有学校存在的前提和最终归宿。学校无论有何种特色都不能脱离育人为本的教育本质。在人本理念的指导下，特色学校突破传统的、僵化的教育思维，追求营造和谐的校园生态，将学校的布局和学习环境人性化，关注学校中的每个个体，使整个校园是生动的、活泼的；在课堂上，学生能够快乐地学习，教师亦可以幸福地教导，师生是互为主体的伙伴关系①。

(二) 关心合作的师资建设理念

教师是学生学习的组织者、指导者、合作者，是实现学校教育目标的执行者。然而传统的教师培养模式是单一的，独立的。所有师范院校在培养同一层次的教师时，都采用相同的教学计划和教学内容，忽略了这些未来的教师们可能服务的学校之间的种种差异。特色学校需要有关合作型的教师群体，这是特色学校的生命线。特色学校建设中坚信一名好老师绝不只是有广博的专业知识及娴熟的教学技能，而是富有关心的情怀和能力，将学生看成是处在动态发展中的个体，在教学实践中乐于关心，善于关

---

① 金仕琼. 增强大学德育教育实效，提高大学生道德素质 [J]. 辽宁大学学报，2002，30(6):50-52.

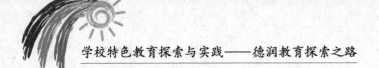

心，对学生的需求能敏锐地感知并做出相应的关心反应。此外，特色学校的老师们也一定不会单打独斗、闭门造车，而是在关心氛围中彼此互信、鼓励合作、共同进取的教师社群。

二、关心理论视角下特色学校的愿景

诺丁斯关心理论主张从教育目标、教育内容及整个教育过程中变革传统的教育，主张教育要符合道德，适应学生个体的身心特点，建构真正关心的教育机制。只有根植于关心每位学生、建构关心的课程体系、师生在关心对话教学中教学相长、在教学评估中不断进步的学校才能算得上是一所合格的特色学校。在当前如火如荼的教育改革和特色学校建设潮流中，关心理论为特色学校建设提供了纲领性的指导。

(一) 互动的师生关系

诺丁斯主张关心应重点放在关心者与被关心者同等重要的关系上。赞同"我—你"关系论，并且进一步发展这种关系，反对唯科学主义、唯权威主义的学校教育，认为建立在"我—你"关系基础之上的关心者与被关心者的关系才是学校教育的使命。特色学校要用关心理论来重新审视学校的教育活动，从增强学校的反应性做起，突破传统控制型的师生关系，以提高育人质量为出发点，办出有道德的教育，而这种道德正是以关心、平等、互动的新型师生关系为基础。师生间不再是控制型的关系，课堂呈现的不再是教师讲，学生安静地做笔记的场景，取而代之的是教师和学生可以自由、平等地交换意见，表达想法，教师对于学生的表达需要和问题能够敏锐地觉察到并及时给予回馈。总之，特色学校的一切教学活动建立在师生间互动、关心的基础之上，突破传统的上下级师生关系，建构师生间互信的、互动的、关心的新型师生关系是特色学校建设的首要目标。

(二) 多元化的校本课程

传统学校的课程体系几乎都未曾跳出"以学科知识为中心"的牢笼。

诺丁斯认为，要从根本上变革学校教育，就必须变革学校的课程体系，以关心为基础的课程体系是学校育人目标实现的基础。灵活多样的校本课程是特色学校建设的突破口，特色学校的各项活动最终都要通过课程加以落实，没有特色课程就无所谓特色学校。特色学校立足于本校实际，以生为本、尊重学生的认知特点和潜能的发掘，开发多种实践课程，灵活协调各课程之间的关系，把培养学生个性特长、转变学习方式和提高学习能力作为特色学校建设的重心。开发具有校本特色的课程是特色学校践行关注学生、关心学生、关爱学生理念的重要途径。

三、关心理论视角下特色学校建设的路径

关心理论倡导反思整个学校教育系统以回应学生多样化的需求。在关心理论的指导下，特色学校可以明确育人目标、改革学校课程、改变师生关系、培养关心型教师及采用促进师生共同发展的教学评价。这时，特色学校就会成为一所真正的关心型特色学校。

（一）以培养关心的人为育人目标

明确育人目标是特色学校建设和改革的出发点和归宿。传统的学校教育的重智主义倾向严重，学生成为教师"加工处理"的对象。诺丁斯关心理论认为出现这些问题的根源是学校教育目标上的偏差。特色学校的教育理念应强调，培养关心的人是教育的出发点，学校应当为每一个学生发展和需要提供多种可能。

（二）建构对话型的师生关系

师生关系是学校教育中最普遍、最基本的一种人际关系。特色学校的师生关系要改变以往传统学校中的单向的、上下级之间的控制关系，建构一种真正平等的、可以沟通和交流的对话关系。实践证明，当一个学生感到自己被教师尊重、欣赏和接纳时，能够真正与老师对话时，他就会全心全意地与教师配合，并以百倍的努力报答老师，从而也使自己的潜能得

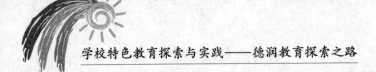
到充分发挥。师生间和谐对话关系的构建，需要有利于师生互动合作和真诚对话、交流的课堂氛围，在这其中，教师起着关键作用。在学校课堂中教师应以关心者的身份营造一种情感融洽、轻松愉悦的互动氛围，与学生之间建立一种自由、平等、信任的关系，在这种关心的对话中，学生展示个性化认知与表达方式，教师则传递对学生的理解和支持，教师与学生之间、学生与学生之间在探询中达成一致的意见。在对话过程中，孩子学到与人沟通的能力、做决定的能力、妥协的能力以及在解决问题过程中互相帮助的能力。

（三）开展师生共同成长的教育评价

此外，特色学校的教育评价是一次精神交流和真诚的对话过程，它不局限于评判教师工作的成效和学生的成绩好坏，相反，促进师生通过真诚对话和互动，实现共同进步的发展性评价才是特色学校教育评价的目标。在评价中体现人文精神，区分性对待不同阶段的教师。不同的评估指标和标准用来评价不同发展阶段的教师。区分性的评价标准，可以确保教师的人格尊严，倡导建立以教师自我评价为主，学校领导、学生、教师、家长共同参与的多元评价，同时使被评教师从多渠道、多角度获得反馈信息，以利于更好地反思和改进教育教学工作。总之，多方参与、相互尊重、积极主动协作、促进师生共同成长的发展性评价是特色学校应秉持的教育评价理念。

第二节　特色学校的范式理论与形成机制

一、特色学校：学校共同体探索适合学校卓越发展范式的活动过程

现在我国大多数学者从学校文化的视角来理解特色学校，并区分特色学校和学校特色。如在内涵指向上，"学校特色"是学校比较单一的某个方

面，而"特色学校"则是从整体的角度加以考察的；在发展形态上，"学校特色"是初级形态的，"特色学校"则是高级形态的；在概念属性上，"学校特色"是较低层的概念，"特色学校"则是较高层次的概念，是"学校特色"的提升。

二、顶层设计：特色学校创建规划的体系化、机制化、民主化

(一) 理念设计的体系化

教育理念是人们对于教育现象的理性认识、理想追求及其所形成的教育思想观念和教育哲学观点，是教育主体在教育实践、思维活动及文化积淀和交流中所形成的教育价值取向与追求，是一种具有相对稳定性、延续性和指向性的教育认识、理想的观念体系。从理念的内涵和价值来看，教育理念是教育价值取向与追求的观念体系，具有概括性和抽象性，在实践中常出现学校办学理念高高挂在墙上，与学校管理者和教师实践工作相互脱节的现象。究其原因是多方面的，其中与这些理念和实践工作没有紧密结合有较大关系。因此学校教育理念设计要体系化，具有层级性，不同层次的实际工作有不同的理念。第一层级是学校的办学理念或称之为校长的办学理念，校长办学理念是校长对办学实践的理性思考和理想追求，是校长办学信念的集中体现。更具体地讲，校长办学理念是校长对教育、学生等教育核心要素的本质认识、理想追求及对办学过程中教与学、发展与改革、理想与现实等基本关系的价值信念。第二层级是学校部门工作的工作理念，它是学校各部门工作的指导方针，它既要分享第一层级的学校办学理念，又要紧密联系本职工作的实际特点，是融部门工作性质和办学理念为一体的部门发展理念。如学校教学、教务、德育工作都要有自身的理念。第三层级是教师的教育教学理念，主要是教师根据对学校办学理念、所属部门的工作理念的理解以及自身发展实际，提出的自身教育教学工作的指导方针，对自身教育教学工作具有潜移默化的指导价值。教师的教育

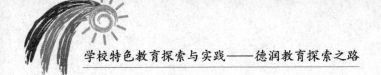

教学理念具体体现在班级管理、教学组织与实施、团队管理中等。

(二) 方案设计的机制化

制订学校发展方案，其主要用意并不在于拿出一个文本，关键在于实施，因此学校发展方案更强调方案的执行过程，通过这一过程提高学生的学习质量和教师的专业化水平，提升学校的教育质量，从而凸显学校特色。因此，根据学校的发展目标、教育哲学、优先发展的特色项目、学校发展目前的状况 (优势、劣势、机遇和挑战等)，确定切合学校实际的、全员参与的、可操作性强的实施方案是规划得以落实的先决条件。从实际情况来看，制定特色学校发展方案是大多数学校发展的常用之策，很多学校特色学校创建方案设计的体系严密、结构严谨、分工明确，但是若干年后，学校工作还是没有变化，更无从说起特色项目的显现。

(三) 设计过程的民主化

"发展越来越被看成是一种唤醒的过程，一个激发社会大多数成员创造力的过程，一个释放社会大多数成员个体作用的过程，而不是被看成是一个由计划者和学者从外部来解决问题的过程。特色学校创建是一种自主的过程。"特色学校发展方案设计的过程要充分发挥民主，广泛采纳相关利益群体 (如教师、学生、家长、社区等) 的意见和建议来改善学校管理，让他们参与到设计和实施学校发展的全过程，从而协调学校组织内部、学校组织与其周围环境之间的关系，并由此获得广泛的共识、认同，促进学校与社区的共同发展。

三、实践生成：特色学校创建实践的问题化、探究化、叙事化

(一) 实践起点的问题化

在实践中学校可以在每个时间段 (学年、学期、月、周)，在若干个工

作部门开展解决突出问题的创建特色学校的重点工作。并不强求解决的问题具有多少逻辑性和系统性，而是要根据实际来确立问题。这种问题应该是实践中的问题，而不是领导头脑中想出来的问题。管理者应该号召全体教职员工甚至学生、家长参与到问题征集活动中来。以讲述身边的教育教学突出问题的方式，采用讲故事的形式，具体说出实践中的问题，参与者不要采用抽象性太强的词语，拍脑袋和根据经验提问题。管理者根据一个个具体的问题情境，整理归纳出共性的问题，并提炼出相关主题，从而把问题主题化。学校就可以把某段时间界定为"某某主题学年（或学期、学年、月、周等）"。

（二）实践过程的探究化

正如英国学者凯米斯认为，行动研究是一个螺旋式加深的发展过程，每一个螺旋发展圈又都包括行动研究的基本环节。它是第一个螺旋圈的终结，又是过渡到另一个螺旋圈的中介。特色学校创建的过程也就是围绕学校发展难题而不断解难题的过程，从而实现学校螺旋式发展的过程。

（三）阶段成果的叙事化

教育叙事是表达人们在教育生活实践中所获得的教育经验、体验、知识和意义的有效方式。特色学校创建阶段成果的叙事化，就是要参与特色学校创建的教职员工能以叙事、讲故事的方式诉说自己参与创建过程的真实案例，包括参与创建的具体案例的做法，特别是要体现解决情境化的个性问题的探索历程，彰显探索过程的体验、情感等。参与特色学校创建的教师以故事叙说的方式反思自己的生活，不仅能使参与者对自己的教育、教学、管理等进行适时的总结，而且可以为自己日后工作提供丰富的经验；有助于作为个体的创建参与者从对日常教育、教学、管理等日常行为、知识、技术的反思转变到对自己教育教学观念的反思；还有助于促使创建参与者系统梳理和深入思考自己遇到了什么问题、怎样遇到这个问题和怎样解决这个问题的，给看似平凡、普通、单调、重复的活动赋予独特

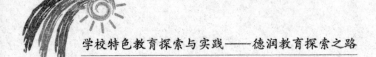

的意蕴，有助于创建参与者发掘、建构日常教育教学生活中的例行事项的深层意义。

四、范式形成：特色学校范式的共同信念、理论框架、操作规范

（一）形而上学层面的特色学校范式是指特色学校共同体的共同信念

实践中特色学校共同体的共同信念主要来自两个方面：其一是讨论出的共同信念，就是在特色学校创建顶层设计阶段，即理念设计的体系化，这是共同体的共同信念的最初状态，是经过共同体民主讨论确定的有关对学校、教育、特色学校等基本问题的理解，也包含特色学校创建各工作部门对教学、德育、管理、教研、科研等方面的基本理解；其二是探索出的共同信念，就是在特色学校创建的实践中，根据学校创建的具体实践活动，检验讨论出的共同信念，按照实践情况，不断完善、修正讨论出的共同信念，最终要使特色学校创建共同体不仅在讨论中，更重要是在实践中都能真正认同这些共同信念，从而能在日常工作中自觉践行这些共同信念。

（二）社会学层面的特色学校范式

社会学层面的特色学校范式是指特色学校共同体在其共同信念指引下所形成的特色学校创建的概念系统、基本范畴和核心理论在内的理论框架。

特色学校的人文性和实践性，决定了特色学校理论是质的研究中的理论，是在原始资料的基础上建立起来的，适用于在特定情境中解释特定社会现实和社会实践的理论。这种理论至少包括三个方面的内容：前人的理论、研究者自己的理论、资料中呈现的理论。"前人的理论"是人类已经在本领域建立的公理和定理等；"研究者自己的理论"指的是研究者对本研究现象的假设、观点、前见等；"资料中呈现的理论"是研究者从研究对象

直接获得的或者通过对原始资料进行分析以后获得的意义阐释。在特色学校创建中，顶层设计就是融合了"前人的理论"和"研究者自己的理论"，实践生成中收集到的资料就是研究对象的原始资料。要形成特色学校范式的本土化理论，学校共同体要从"实践生成"中收集到的大量原始资料（真实的教育案例、叙事），以扎根理论的方式提炼本土理论；同时要反思"顶层设计"中的前人理论、共同体的假设并做相应的调整。从而达到融"前人的理论""研究者自己的理论""资料中呈现的理论"于一体的特色学校本土范式理论。

（三）特色学校的人工范式层面

特色学校的人工范式层面主要是指特色学校具体的实践操作层面，包括特色学校的创建策略、典型案例等。

典型案例是范式技术的具体运用和举例，主要是指在解决学校实际问题中融入共同体中的个人智慧的具体化的探索历程。典型案例主要资料来源于实践生成中的叙事化的阶段成果。具有成熟范式的特色学校应该有优秀教师探索学校教育、教学、管理中最容易出现的具体问题的个案问题研究。这种个案研究成果呈现，不仅仅可以用理论说理的方式，也可以用教师能听懂、愿意听、具有吸引力的讲故事的方式，从而引起共鸣，给人以更多的启发。

在特色学校的范式框架中，各个层面也是一个相互联系、不可分割的有机统一体。特色学校共同体所具有的一致的信念、理论以及实践操作策略的总和，构成完整的特色学校范式。当旧的特色学校范式出现危机时，只有改变共同体的信念，才能解决危机，实现特色学校范式的转型。

第三节　学校特色的球形结构理论

我国学校特色的实践与研究始于 20 世纪 90 年代初，一方面，许多学

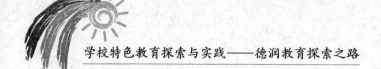

校积极进行探索学校特色方面的实践，形成了或浅或深的学校特色；另一方面，学界对学校特色开展了如火如荼的研究，对学校特色的概念、特征、路径、策略、评价等方面进行探索，取得了许多阶段性成果。然而，学校特色研究是一个历久弥新的课题。伴随着《国家中长期教育改革和发展规划纲要（2010-2020）》提出的"鼓励普通高中办出特色"的办学方向，学校特色建设的实践与研究再次受到人们的关注，并将进入一个新的阶段。本文试图从球形结构理论的角度，对学校特色建设进行论述，以求教于学界同仁。

一、预设：学校特色的阶梯发展说

（一）学校特色概念的争鸣

目前，学界对"学校特色"的界定基本上有两种：一种是"局部性界定"，一种是"整体性界定"。局部性界定是一种广义的界定，指学校建设某一方面或某几方面的特色。譬如：孙孔懿认为："学校特色，是办学主体刻意追求逐步实现的学校工作某一方面特别优于其他学校的独特而稳定的品质，也称为办学特色。"吴秀娟认为："学校特色一般是指一所学校在全面育人工作中所选择的重点，或是把已出现的某种经验特色通过深化积累，逐步形成某种富有个性的强项或优势。"这种局部性界定方式有利于激发广大中小学校创建学校特色的积极性，但容易形成浅层次的学校特色，甚至是虚假的特色。整体性界定是一种狭义的界定，它强调学校特色的整体面貌。譬如，邢真认为："学校特色界定是指：学校在长期的教育实践活动过程中所形成的独特的办学风貌或教育风貌。这里所说讲的'独特'，不能仅理解为学校这个整体中的某个教育要素的个性体现，也不能狭义地理解为是'你无我有，你有我精'，而是指学校整体的个性。它是学校整体中最具典型意义的个性风格或个性风貌。"整体性界定强调学校特色的整体性、成效性和广泛影响性，因而对学校特色的要求较高。整体性界定在实践中可以杜绝学校特色建设中的虚假现象，有利于促使学校特色建设朝高标准的方向发展，但是，也容易让许多学校望而却步。因此，这两种学校特色的界定各有利弊。如何扬两者界定之长而避两者界定之短呢？为此，笔者提出学校特色的阶梯发展理论。

(二) 学校特色的阶梯发展

笔者认为：学校特色是学校依据一定的校本教育哲学和教育理念，在长期的办学过程中逐渐形成的具有独特性、优质性、稳定性和文化性的办学风格或风貌，学校特色因办学特色程度的不同而呈现"局部性学校特色 (学校特色) —整体性学校特色 (特色学校) —品牌性学校特色 (著名学校特色)"不同的阶梯发展状态。

这种学校特色的界定有两个优点：

1. 有利于消解学校特色的争辩，形成一个较为统一的认识

学校特色与特色学校是两个既有区别又有联系的概念。因此，我们既不能抹杀它们之间的差别，也不能人为地切断它们之间的联系：一方面，要承认学校特色与特色学校之间的区别，学校特色是局部性学校特色，特色学校是整体性的学校特色，两者有"质"的不同 (是不同级别的特色)；另一方面，要承认学校特色与特色学校之间是有联系的，两者有可能发生转化——当学校的某些项目特色或局部特色对学校的"整体"产生一种"辐射"，并形成一种文化氛围时，就可能生成一种新"质"，即转化为一种整体性的学校特色 (特色学校)。这里所说的"特色学校"不是某种专业性的学校 (如体育运动学校)，而是具有某种特色的学校。

2. 有利于形成百舸争流的创新图景，促进学校特色的创建

"学校特色"是指学校形成了某项特色、某几项特色、局部特色或浅层次的特色，属学校特色的初级阶段。特色学校是中等层次的学校特色，属整体性或全局性的学校特色，是学校特色的成熟阶段。著名学校特色是最高层次的学校特色，是具有一定社会影响力和辐射度的品牌特色学校。这种界定，让一些薄弱学校不至于因学校特色门槛较高而望而止步，能激发和调动这些学校创建学校特色的主动性、积极性和创造性。同时，也能

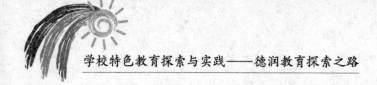

让学校有创建品牌特色学校的追求目标和不竭动力。

二、原理：让特色成为学校的"内核"

理论的形成一般需要经历提出假设与进行论证两个阶段。当一种假设为逻辑的力量证明时，这种假设便成为一种理论。当然，新的理论还需要在实践中得到检验。

（一）球形结构理论的假设

学校特色的球形结构理论是一种由局部性特色向整体性特色发展的理论。该理论认为：学校特色一般都经历一个由局部性特色向整体性特色的发展过程。当学校特色为局部性特色时，作为局部性学校特色的小球与作为学校整体的大球是一种相交关系，这时，学校特色对学校整体发展的作用十分有限。随着学校特色的做优做强（不是做大），作为局部性学校特色的小球对学校整体的发展将产生越来越大的作用，它逐渐成为学校整体的中心，即作为学校整体这个大球的核心，这时，学校特色的"正能量"就对学校整体产生"强辐射"，从而促进学生素质的发展和学校特色的跃迁——学校特色实现由局部性特色向整体性特色跨越。随着学校特色播撒在学校教育的各个面，它逐渐成为带有某种特色的学校文化。

（二）球形结构理论的论证

球形结构理论得以成立实现由局部性学校特色向整体性学校特的跃迁，需要满足以下条件。

局部性特色能否成为学校整体这个大球的核心？学校特色与学校整体之间有许多相关性，譬如，校长为法人代表，这就决定了学校有一个核心的办学思想、办学理念和发展战略，校长拥有领导力、预见力和决策权，并能将办学目标和办学思想得到真正的落实。学校特色与学校整体同属教育，因而有许多相似性。譬如，需要有宜人的育人环境，都通过一定的课程对学生施以教育，都重视文化对学生发展的熏陶作用。这些相通性让校长可以通过某种举措，不断加大学校特色在整个学校发展中的权重。随着学校特色发展权重的不断增加，学校特色也就从学校的边缘逐渐转移到学校的中心。可见，学校特色是能够成为学校整体这个大球核心的，其关键在于校长的领导力和执行力。

由此可见，局部性学校特色向整体性学校特色的跃迁是可以实现的，实现这种跃迁的路径是做优做强学校特色。

三、路径：从做强特色到形成文化

学校特色的球形结构理论是一种由局部性学校特色向整体性学校特色发展的理论，揭示了学校特色与学校整体之间内在结构的动态发展。要让这种理论转化为学校特色发展的现实动力（或者说成为现实），还需做优做强局部性学校特色。那么，如何做优做强局部性特色呢？

（一）做强学校特色这个"核"

1. 定位学校发展战略

学校特色发展的定位非常重要，学校领导的眼光、素质、胆识与魄力决定学校特色发展的高度与深度。所谓学校特色的定位，就是学校特色发展的目标，即要将学校建设成为怎样的一所学校？具有怎样的特色？多大程度上的特色？是真特色还是假特色？等等。一位有远见有责任心的校长，他对学校的定位应该是办一所高质量的学校、特色鲜明的学校、有品位的学校。从这个意义上讲，学校特色可能起步于局部性特色，但它的目标一定是整体性特色。譬如，贵港市高级中学成立有"模拟联合国"社团，它的定位应该是培养学生具有国际视野、通晓国际规则、富有中国情怀的创新型人才；同时，通过做优做强社团特色提升学生的国际意识和综合素质。只有这样，局部性特色才能发展为整体性特色。为此，学校应该组成学校特色发展的智囊团，制定学校特色的发展战略，规划学校特色的蓝图（即制定学校特色发展的规划）并落实相应的举措。

2.加强学校自身修炼

校园环境和设备设施是学校特色的外在表现,对学校特色发展起着非常重要的作用。因此,需要高度重视。譬如,走进多语种教学特色的校园,就应能感受到异国风情和异国文化,就应有相应的多语种研究、教学和管理机构,必要的语音教室和实景化的专用教室,多语种图书资料室和阅览室。课程建设是核心,学校特色只有通过课程建设才能渗透到学校发展的血脉,才能真正融入师生的教育生活。作为学校特色的课程,既要有专业的核心课程,又要有大众化的普通课程,要能够满足不同学生个性化发展的需求。因此,课程建设时特别要重视学校特色的校本课程开发。此外,学校要加强特色项目的师资队伍建设,努力建设一支有敬业精神和专业素质的高水平的教师队伍。加强学校特色的宣传,强化市民、同行对学校特色的认可,扩大学校特色的影响[1]。

3.形成良好外部环境

学校特色发展的外部环境有大环境和小环境。前者是由经济社会发展的水平决定的,后者是学校通过努力可以建构的环境,一定程度上取决于学校自身的资源和主体努力。例如,多语种教学特色的高中校需要与下一级学校(初中)搞好关系,以保证充足的生源;需要与高一级学校(国内高校)搞好关系,以保持学生毕业后的输出渠道;需要与国外学校或教育机构建立联系,以确保学生出国深造的"绿色通道",并借鉴国外的办学经验。学校特色的发展,需要建构良好的校际"生态圈"。

4.保持适度发展规模

局部性学校特色需要保持一定的发展规模。因为,只有保持一定的发展规模,学校特色才能形成良性循环,否则,学校特色可能陷入困境。一般而言,局部性学校特色需维持不少于全校学生七分之一的规模,如1400人规模的高中学校,特色班的学生应保持在200至300人之间,以便于开班。

---

[1] 李晓春.化学最新成果中辩证法思想之探究[J].赤峰学院学报,2006,22(1):12~13

上述四方面的合力，将有助于学校特色的做优做强。

(二) 形成学校特色的文化

学校文化与学校特色是同一枚硬币的两面。学校主体应该通过做优做强局部性特色，使其成为学校整体的中心 (或 "内核")，通过 "内核" 增强学校特色对学校整体的辐射，进而让学校整体特色化，成为整体性特色，从而形成学校文化，反过来，再让学校文化强化和稳固学校的特色。具有深厚文化底蕴的学校特色，才是充满活力、生生不息、历久弥新的学校特色。

球形结构理论通过对学校特色与学校整体内在结构的动态描述，揭示了学校特色从局部性特色向整体性特色跃迁的规律。这个理论已为一些学校特色建设的实践所验证。相信这一个理论对学校特色的创建大有裨益，并将在实践中不断得到完善与验证。

第四节　现代课程理论下的学校特色化校本课程

贵港市高级中学是一所以培养明义端方、齐圣广渊的时代新人的著名学校，为学生发展而改革创新，形成了 "德润教育特色"，受到社会各界的高度关注和广泛赞誉。结合现代课程理论，引入国际教育中的先进元素，实行适合校情的改革，推进学校教育的国际影响与竞争力。

一、现代课程理论对学校特色化校本课程的影响因素

(一) 现代课程理论流派

由于近年各国家、各地区的课程改革运动极为活跃，相应地，课程理论也不断出新。归纳起来主要有：强调以学术为中心的学科结构课程理论；强调以社会问题为中心的社会改造课程理论；强调以学生发展为中心

的学生中心课程理论。

(二) 课程目标的依据

把教育目的、培养目标转化为课程目标，以此来指导整个课程的编制过程，最终使其成为学生的学习指导。确定课程目标是一项具有创造性的工作，而不是对教育目的或培养目标的简单推衍。泰勒的《课程与教学基本原理》中提出来的课程目标三个来源：对学生的研究；对当代社会生活的研究；学科专家的建议。

(三) 课程实施中"变革"的能力

在校本课程发展和培育阶段，必然产生许多新的课程、新的问题。实施新的课程需要实施者（主要是教师）的行为和思维方式、教学方法、内容安排，以及教学组织形式都发生一系列的变化。这些变化要求实施者既认识到变革的需要，又具有实施变革的能力。

二、基于现代课程理论的课程体系构建

贵港市高级中学注重学生综合素质和能力的培养。在课程改革中加强课程改造与重建，形成了具有德润教育特色的必修学科 + 选修课程（校本课程）课程体系。让学生既高质量地完成必修的国家课程，又满足于个性化学习和兴趣特长发展的需要，真正实现个性化发展、未来发展、深度发展。

(一) 以"学生中心课程理论"设计的特长辅助课程

特长辅助课程，是参考新加坡的初级中学实行的课程辅助活动（Co-Curricular Activities, CCA）并结合贵港市高级中学实际情况而设置的校本课程中的一个组成部分。

1.有明确的培养目的

体育活动锻炼学生的体魄、公平竞争和团队协作精神；表演艺术活动

培养学生优雅品味以及对多元文化和传承的欣赏力；自主管理团体活动则通过灌输学生自立、适应力、自律及服务精神来使他们成为良好公民；社团与学会活动把吃苦耐劳、团队合作、增强意志、强健体魄、增长智慧、求生体验等多方面内容融入精心设计的各项活动当中，弥补学校教育、家庭教育的不足。

2. 半专业化培养模式

每项课程必须经过为期30周的学习，活动开展前进行选拔，优先考虑有一定项目基础、相关特长的学生。经过2年的培养具备半专业化的水平，并具有参加相关的专业比赛的能力，使其优秀才华得以发展。由于各项课程专业化性质强，师资力量需要得到有效补充，部分课程应由外聘专业教师担任教师。

(二) 以"学科结构课程理论"设计的兴趣拓展课程

兴趣拓展课程，由各学科根据学科课程培养目标进行整体规划，是第一板块课程的重要补充部分，也是拓宽学生知识面、培养学科学习兴趣的重要途径。

1. 要求各学科开发配套课程，并使用符合该校学生特点的课程教材。

可选用自编教材、选编教材或选用现有优秀教材，或拓宽现有教材。

2. 鼓励"师本化"和"生本化"精品课程建设

即结合教师的教学专长、专业专长所形成的独具特色的课程；及以"微问题、微研究、微专利"开发建设的课程和活动类课程。

(三) 以"社会改造课程理论"设计的系列游学课程

系列游学课程，是为学生更好地了解国情、了解社会，开拓视野，同时培养学生团队合作及活动能力而安排的走出校门的社会实践活动。

1. 区别一般的春游或秋游活动

游学课程是学校教师及旅游专业人员共同开发的有一定教学范围、有学习目的、学习进程、任务及评价反馈的活动课程。课程开发人员应提前

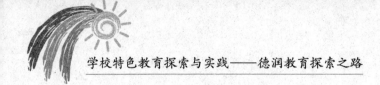
三个月做准备，经过路线踩点后挖掘各学科相关的学习资源，并编制学习手册。

2. 路线中学习点的设计

在路线中学习点的设计不仅包括自然景观、人文景观，还安排知识讲座、与大师"面对面"交流、大学校园体验、探究学习活动、"手拉手"对口学校联谊活动、感恩教育活动、班级团队活动等等。丰富而贴近学生的课程设计，对学生的精神品质、学习意识、思维能力具有一定的提高。

3. 完善的组织工作

完善的组织工作为游学课程的开展保驾护航。课程开发人员对活动的路线、学习点进行先期实地考察，消除和规避安全隐患；对每一天、每一个活动制订详细的活动方案，对各学习点的课程内容进行更深入的挖掘和取舍。每条线路的安全预案、工作指引、学生活动须知等大量文件的准备，保证每一位课程参与者熟知活动安排，使游学课程顺利开展。

三、通过规范化的实施管理促进特色化课程的可持续发展

(一) 精细化过程管理的实施

贵港市高级中学出台了《贵港市高级中学校本课程实施与管理方案》《贵港市高级中学精品课程建设及推进方案》《贵港市高级中学选修课报名意向表》，逐步完善课程申报、选修课考核程序、微调课程选修流程、课程实施管理细则等。

(二) 多元评价体系的建立

从课程申报、课程实施、学生学业成绩、作品展示四方面对课程进行评价。其中，对"课程实施"方面需要再进一步细化，主要是对教师教学过程的评定，主要包括：教学准备、教学方式、教学态度、教学效果等方面的评价。通过听课、查阅资料、问卷、座谈形式，对教师进行考核，并归入业务档案。

从考勤记录、学习表现、学习成果三方面对学生进行评价。采用"学分制"与评语相结合方法进行学生评价。学习表现如态度、积极性、参与状况等用优秀、良好、一般、差等形式记录；学习成果可通过实践操作、作品鉴定、竞赛、评比、汇报活动等形式展示。

(三) 理论与实践结合的课程实施者培训

教师是校本课程设计和实施的重要因素，也是课程实施过程中最直接的参与者。虽然经验交流、相互听课和讨论能提高教师的理解和认识，但课程实施的理念、规划、方法等需要一定的专业培训。拓宽校本课程开发资源，组织教师学习全国各地乃至各国先进教育理念，利用互联网资源学习各种课程，使特色化校本课程走上可持续发展之路。

第三章　学校特色实践工作研究

第一节　学校德育工作的思考与实践

德育是我国社会主义的重要组成部分。要全面贯彻党的教育方针，落实立德树人根本任务，发展素质教育。中学德育的任务，主要是对学生进行爱祖国、爱人民、爱劳动、爱科学、爱社会主义等的思想品德教育，为形成学生的世界观打下良好的基础。当前，我国教育改革的重点是变应试教育为素质教育。素质教育是贯彻落实全面发展教育方针的具体体现，而德育恰恰是素质教育的根本，一个人学业不好，不一定影响他的一生，而德行不好就能贻害他一辈子。立德树人，育人必须先育德，一个人的道德品质是其在社会行事的根本。

我国历来对学校德育工作十分重视，教育部也先后制定了《中学德育大纲》。但不可否认的是，由于种种原因，我国的中学德育还存在诸多弊端，学校德育究竟应该怎么搞，这的确是一个大课题。需要全社会尤其是教育部门的同志认真研究，大胆探索，不断创新。教育改革为德育工作提供了机遇，也使德育工作面临新挑战。马克思指出："道德的基础是人类精神的自律，而宗教的基础则是人类精神的他律。"道德不同于宗教，在于道德具有主体性。道德认识是少年儿童思想品德形成和发展的基础，是道德情感、道德意志建立的必要条件，是道德行为的先导。

学校德育工作是实现培养目标的重要保证。对此，我们应对新时期的人才规格及思想品德本质有深刻的了解，然后，宏观着眼，微观着力，确定教育的一系列方针、方法，以保证德育的整体效应[①]。

---

① 张相乐. 中国古代教育家的忧患意识及其现实意义 [J]. 长江大学学报 (社会科学版), 2011, 34 (9) : 141~143

一、注重德育机构的完善性

学校应建立党支部统一领导下的，以政教处及班主任管理育人，教务处及任课教师教书育人，总务处及工勤人员服务育人，团委会、学生及学生干部自我教育四位一体的德育组织机构。只有思想认识到位了，才能增强德育工作的主动性、自觉性和创造性。我们要从培养社会主义建设者和接班人，从巩固执政党地位，坚持社会主义办学方向的高度，认识学校德育工作的重要性，确立德育工作在学校工作中的地位。我们要转变观念，端正教育思想，全面理解和贯彻党的教育方针，克服重智育轻德育、重知识传播轻能力培养、重理论灌输轻社会实践倾向，树立符合素质教育要求的人生观、质量观和价值观，促进德、智、体、美、劳等方面全面发展，健康成长。

二、加强德育内容的科学性

学校努力构建以"马克思主义世界观、人生观、价值观、行为观教育"为基础，以"四有教育"为主导，以"行为规范养成和认识水平提高"为重点，以法制教育、劳动教育、革命传统教育、心理健康教育等其他教育为紧密配合的"教育内容的体系"。它改变过去德育内容提要的沙状组合，形成了基础扎实、导向明确、重点突出、血肉丰富的核状结构。一般讲，学生的道德认识是通过对一个个道德事例的理解逐步形成的，教师要在明确总目的、总要求的前提下，抓纲扣本，根据学生接受能力，从一个个道德事例讲起，化小为大、化抽象为具体、由低到高、由浅到深、由一课一得到逐步形成系统的道德认识。例如"勇敢"这一品德教育，各年级都贯穿着这一内容，但教学要求却不一样。贵港市高级中学则要求学生知道"什么是真正的勇敢、遇到不良现象和危险情况要勇敢机智"。因此，教师在教学中要坚持晓之以理，从理性和感性的结合上，坚持启发式教学，引导设疑，积极思维，在具体事例上加以拓宽、引申、以达到内化，形成正确的观点。

三、激发道德情感的可行性

德育工作涉及思想政治教育和道德品质教育两大方面内容。教师要在德育工作中注重学生政治方向引导和道德品质行为习惯培养有机结合起来。因此，道德情感的激发就显得尤为重要。道德情感是人们对客观事物的态度和体验。列宁说："没有人的情感，就从没有也不可能有人对于真理的追求。"情感是一种动力，能推动人的认识和实践活动的完成。健康的、高尚的道德情感能帮助人们建立正确的道德认识，产生合乎道德的行为，因此，教师在德育工作中应重视情感教学。在教学实践中，有的教师讲的道德尽管正确，却不能引发学生的共鸣，究其原因主要是缺乏真挚动人的情感。教师要有深刻的情感体会，入情入理的分析，充分利用教材中提供的积极健康的情感，对学生进行情理交融的教学，使之产生相同的情感体验。例如主题鲜明、丰富多彩的集体活动就有利于形成良好的道德情感，教师要想方设法创设情境，让人的情感在一定环境中产生，从而使学生开阔了眼界，陶冶了情操，增长了知识，提高了品德修养。

四、重视道德行为的实践性

道德行为是人们在道德认识和道德情感支配下所采取的行动，它是衡量一个人道德水平高低、好坏的主要标志。学校德育工作应重视指导和训练学生把获得的道德认识转化为道德行为。由道德认识向道德行为的转化，是德育工作的出发点和归宿，教师应结合教材与学生实际开展一些辅助性活动，利用各种机会进行道德行为训练。学生在中学阶段道德观念尚未完全形成，在教给他行为方式时，要循循善诱，要从身边的小事做起。导之以行，最主要的是教师的言传身教，是教师的人格感染。教师事事处处严格要求自己，做学生的表率，是最有说服力的教育。

第二节　学校综合治理工作实践

学校综合治理工作是学校管理中的重要内容，是学校顺利开展教育教学工作的有力保障。如今，随着社会的不断发展和进步，信息越来越多元化，越来越多的先进技术走进人们的生活，给学校的教育管理工作带来了一定的挑战。学校工作者应该在安全、卫生、法制等方面做好综合治理，做到防微杜渐，并采取有效的措施保证综合治理工作的全面贯彻和落实。

一、学校综合治理中的安全工作

安全是开展教育教学工作的基础。在学校中学生是主体，他们的安全应该放到首要位置，学生是家庭、国家和社会未来的主人，学校应从微小之处做起，要求班主任每天给学生讲授一些关于安全的知识。在如今社会进步、信息化快速发展的时代，学校的安全治理方面也要有新的方案。要夯实"治安好、纪律好、学生稳定、教师满意"的校园内部环境基础，可利用多媒体对学生进行安全教育，让学生对安全知识有直观的认识和理解，养成良好的安全意识，并鼓励他们将安全知识与家长、朋友进行分享。同时，校园、教室内可配备一些宣传板报，让学生对安全有更进一步的认知。另外，学校要建立、健全安全生产责任制，使校园安全工作做到实处，让学校师生有更高的安全防范意识和自救能力，让他们能够在安全的学习和生活环境中成长、发展。

二、学校综合治理中的卫生工作

为推进学校的卫生治理工作，学校应该设置卫生专干，专门负责学校的卫生监督管理工作。校园的卫生、教室的卫生、学生的卫生，都由卫生专干负责监管。这项工作繁杂而琐碎，尤其是学生的饮食卫生，是每一天都不能忽视的，保证学生饮食的卫生和安全是学校综合治理的重要内容。学校的卫生工作，无论春夏秋冬都需要卫生专干常抓不懈，要保证每一天都让全校师生处于清洁、整洁、干净的环境中。卫生治理工作的原则是"卫生无小事，常抓常讲，不放弃"。还要注重培养学生的卫生意识，帮助他们从小养成良好的卫生习惯。

三、学校综合治理中的法制工作

学校综合治理工作中的另一重要内容就是对学生和教职员工的法制教育。我们生活在一个有着健全法制的国家，而学校中的法制宣传和教育同样重要，要依法治校，让学生知法、懂法、用法，使学生能够在成长过程中遵守法律，做一个守法的好公民。除了学校和教师的法制宣传外，信息化的发展也给法制教育提供了很好的宣传媒介。法律的强制性规则对于中学生而言可能比较抽象，所以教师可通过多媒体技术让学生直观地了解宪法规定的公民基本权利，知道人的生命健康权、人身自由权、姓名权、受监护权、休息权、隐私权、财产权、继承权、受教育权等权利应当受到法律保护，从而增强权利意识。这样，学生在学习和生活中就会更好地保护自己，知道权利受到侵犯时如何寻求法律保护，了解寻求法律保护的渠道。将这些教育内容有机结合，互为呼应，就会对学生起到增进理解、加深印象的作用，促进学生"知情意行"的交互作用。为加强法制教育工作，学校应每周开设一堂法制课，让学生专门学习法制知识，让每位学生都知法、懂法。帮助学生掌握法制知识虽然是在校园内，但其非凡的作用和意义却更多地体现在校园外和社会中，能够为社会的长治久安打下基础。

四、学校开展综合治理工作的方式

学校的综合治理工作若想得到全面有效的贯彻和实施，必须有一套明确适用、操作性强的方案和措施，并且要有计划、有总结、有反思地进行。综合治理工作应该形成目标责任制，形成层层分解、逐级落实的管理体系。如今，随着信息化的发展，学校综合治理工作有了新的渠道，不再是单一方面的信息流通，这可以使得学校综合治理工作的目标更加明确、效果更加显著。学校综合治理工作要遵循以人为本的原则，让学校中的所有成员都行动起来，将学校建设得更加美好。同时，学校的综合治理也需要社会力量的支持和帮助，毕竟学校的一己之力是有限的。因此，应该实施家校联合，实施学校与社会各团体相互帮助的新型教育管理机制，这是新时代所面临的机遇和挑战。另外，学校的管理者必须遵守学校的一切规章制度，还要关照好每一位学生和教师的学习、工作，从他们自身的发展出发，想他们之所想，完成他们在学习和教学中的愿望，打造人格至上的理念，为他们创建健康成长、自由发展的环境。在促进他们发展的同时，还要让他们感受到亲人、朋友、学校与国家的爱护。

第三节　　学校安全管理工作的实践

学校安全管理是关系学校能否顺利发展的前提与关键，同时也是决定学生能否健康成长的重要因素。但是几年来，随着我国经济水平的不断提升，我国的校园安全问题也逐渐突显，校园中经常会出现食物中毒、打架斗殴、人身伤害等影响学生身体与心理的安全事件。所以，如何提高校园安全责任意识，建立与完善安全管理体制，有效较低安全事件的发生频率已成为校园领导与教师需要研究的重要课题。

学校是广大学生集中的场所，如果在校园中出现相应的安全问题，不仅会影响学校的正常运转秩序，同时也会影响学生的身心健康，甚至对学生的生命财产安全造成一定的威胁。所以，就需要学校的领导与教学工作者认识对校园安全管理的重要性，树立正确的安全管理责任意识，努力寻找出学校存在的安全隐患并采用有效的手段进行及时的解决，以确保师生的人身利益不会受到损害，也促进教育事业改革的深入与稳定发展。

一、现阶段学校安全管理工作存在的问题

(一) 安全管理人员水平不高

受传统观念的影响，许多学校在对校园安全管理人员进行选聘时，都缺乏对其能力水平，文化素质的重视，认为只要身体素质好，老实可靠的人员就可以。再加上学校的各级领导部门一直都认为学校的安全管理人员所要做的工作就是看门、值班、制止校园的打架斗殴，导致大部门学校的安全管理的人员都缺乏一定的管理水平，也无法满足校园安全管理的需求，职业素养普遍偏低。这样不仅影响着校园安全管理工作的质量与效率，同时也对校园安全管理的部门形象产生一定的不良影响。学生正处于叛逆期，对于学校开展的安全教育与管理很难服从，从而为学校的安全管理工作增加了一定的难度。

(二) 缺乏先进的管理理念与管理手段

许多校园在尽心安全管理工作者时都缺少管理理念，无法真正地对可能出现的安全问题做出应急预案。一旦校园发生安全事件，学校就会将全部责任推到校园保卫部门身上，而保卫部门的管理人员又因没有实际执法权，只能在安全事件中充当调解人的角色，一些比较严重的安全问题都交给总务处、政教处或辖区派出所来解决，这样一来，就导致学校在解决安全问题的时候，形式单一。同时，学校的保卫组织部门也因没有执行权利而成为校园中的"无能部门"，从而为学校顺利开展安全管理工作造成了一定的阻碍。

二、做好学校安全管理工作的有效措施

(一) 建立学校安全管理的保障机制

通过对学校安全管理保障机制的建立与完善，不仅能够保护学校师生

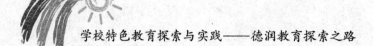

以及各部门人员的生命财产安全，同时也是维护学校稳定运转，和谐发展的关键因素。所以，在学校开展安全管理工作时，学校的各级领导以及相关的工作人员要对学校保卫组织给予高度的重视，通过人力、物力、财力等多方面对其大力支持。尤其是我国的立法机构，应重视对校园安全法立法的工作，从法律法规的方面为高中校园保卫组织提供有力地保障。

（二）制定科学合理的规章制度

要想在校园中有效的开展安全管理工作，就要在开展工作之前由相关的领导部门制定一套完善的规章制度，构建科学合理的规章体系，并根据教育改革的深入与实际的实施情况进行及时的调整，从而确保校园的安全管理工作人员提高素质、创新观念并对日常工作中的行为表现起到更好的约束作用。同时，通过对校园安全管理的规章制度进行制定，可以使相关的管理人员在管理中出现问题时可以有章可依，对于一些不符合制度的工作行为也可以依章处理。既对校园安全管理人员的工作指明了方向，也对校园安全管理人员的工作行为进行了有力的监督。另外，要注意的是，为了保证校园安全管理规章制度能够有效实施，就要在实施之前对校园安全管理的工作人员进行宣传教育，要管理人员认识到规章制度的重要性，从而促进校园安全管理工作能够顺利开展。

（三）丰富学生的安全教育课程

学生是校园安全管理中的主体，而提高学生的综合素质又是重要的教学内容。所以，在开展安全管理的工作中，学校也要重视对学生的安全教育课程进行完善，并在日常的学习与生活中加强校园安全教育的力度。为保证校园安全教育成果能够在学生的日常学习与生活中充分的展现，并确保学生能够真正掌握校园安全的相关知识与防范技巧，学校也要根据学生的课程安排以及学生的个性特点，采用多种形式的教学模式，为学生开展校园安全教育。例如，可以定期的为学生组织安全知识竞赛活动，引起学生对校园安全问题的重视；在校园各角落张贴与校园安全内容有关的海报，时刻提醒学生提高警惕；对以往因学生缺乏安全意识而引起的校园安全事件编成教育手册，供学生阅读，让学生直观感受安全防范意识的重要性，并对学生起到一个警示作用；定期举办与校园安全内容有关的知识讲座与实践演练，让学生能够更深入的掌握校园安全防范技巧；围绕校园安全管理工作内容，组织主题演讲与文艺演出，对校园安全防范知识进行普及。通过多种形式对学生进行安全教育，不仅能够提高学生的安全意识，还能够为建设安全和谐校园打下坚实的基础。

综上所述，在学校中积极开展安全管理工作，不仅能够为学生的健康成长提供一个安全稳定的校园环境，同时也能够保证我国社会主义核心价值观与和谐社会发展理念的有效落实。所以，就需要相关的工作人员，重视校园的安全管理工作在校园运转中所发挥的作用，从自身出发，树立正确的安全管理工作态度，建立完善的安全管理体系，并定期组织学生进行安全知识教育，在保证学生能够提高安全意识的基础上，将管理工作的价值发挥到极致。

第四节　学校办公室工作的实践

开展深入学习实践科学发展观活动，是提高学校办公室工作能力与水平的有利契机。为切实加强和改进学校办公室工作，更好地服务学校发展，深入贯彻落实党中央、国务院相关精神，学校办公室工作者应不断提高自身素质和服务水平，在抓好"三个创新"、实现"三个满意"方面进行探索。

一、以意识创新为统领，切实转变观念

（一）树立全局意识

学校办公室是综合部门，应该发挥承上启下、连通左右的重要作用，

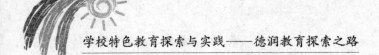

应统筹考虑学校的全面工作，积极推动学校科学发展。

（二）树立服务意识

办公室人员要有一种积极主动的服务意识，不能被动应付工作，要做到自觉服务，要有一种让服务对象满意的意识。

（三）树立学习意识

随着形势的发展，办公室工作迫切要求工作人员进一步强化学习意识，不断更新知识的层次和结构，不断提高自己的综合分析、调查研究、文字表达和组织协调能力。

（四）树立责任意识

办公室工作无小事，任何事情的处理都会影响到学校的和谐发展。要树立"责任重于泰山"的意识，做到工作认真、态度端正、处事果断、从严要求、从优服务，认真谨慎地处理各种日常事务，确保工作万无一失。

（五）树立效率意识

无论办文、办事、办会，都必须牢固树立效率意识，争取做到"日事日毕，日清日高"，提高办事效率。

意识的创新可以充分调动工作人员的主观能动性，使全体人员激情拼搏、全心奉献，为推动学校发展做出应有的贡献，以达到领导满意、教师满意和学生满意的目的。

二、以文化创新为先导，提升发展能力

办公室文化对工作人员有着潜移默化的影响，好的文化能够鼓舞工作人员干好工作，甘于奉献，逐步形成独具办公室特色的文化。例如，在工作中学习、在学习中工作的工作理念；服务领导、服务部门、服务师生的工作定位；吃苦耐劳、爱岗敬业的工作态度；改善自身素质、提高服务

水平的奋斗目标。办公室文化建设塑造了办公室的核心竞争力，树立了积极向上、不断进步的办公室形象。笔者认为，没有吃苦耐劳的作风，没有无私奉献的精神，就难以做好办公室工作。大家能正确处理苦与乐、得与失、个人利益与集体利益的关系，可以经受各种误解、委屈和挫折，包容酸甜苦辣；始终以只争朝夕、无私奉献的精神状态投入工作，体现出强烈的事业心、责任感和荣誉感，就会受到领导和同志们的好评。

三、以工作创新为重点，务求干出实效

创新是促进工作发展的动力。办公室工作应该从以下几个方面进行改革创新，使办公室工作逐步走上规范化、科学化发展的轨道，开创工作的新局面。

（一）理顺管理体制

根据承担的工作任务和人员情况，进一步明确办公室职责和人员分工，制定工作计划和创新目标，真正做到分工明确，各司其职，使各项工作都有人抓，彼此之间又互相补位，营造团结协作的工作氛围。

（二）创新工作机制

随着学校的快速发展，办公室工作更加事务繁杂，头绪多。笔者认为，可以尝试"AB角"工作机制。每项工作都根据工作需要和个人素质安排两个人负责，以A角为主，如果A角有事不在岗，那么B角就自动承担起A角的职责。通过这种机制，加强办公室人员之间的密切配合。

（三）建立工作制度

建立科学的制度体系是办公室工作有序开展的重要保障。按照"废、改、立"的原则，对分管工作进行梳理，建立和完善一整套办公室规章制度并编印成册，使每项工作都能做到有章可循，有据可依，避免工作的盲目性和随意性，使工作更加规范有序。

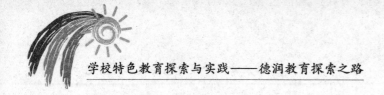

(四)规范工作流程

工作流程是工作制度的具体化,按照流程去做,就会使一项复杂的工作变得富有条理。把常规性工作,如会议筹办、接待工作、公文处理、信息报送等全部程序化,制定周密的流程。即便是新来的人员,也很容易接手工作,保证各项工作有条不紊地进行。

(五)加强行为规范

办公室既是服务部门,也是窗口部门,工作人员在行为规范上应该严格要求自己。例如,制定工作人员行为规范,要求每位工作人员都要树立自律意识,在服务态度、言行举止、衣着穿戴等细节上严格要求自己。

(六)推进现代化办公手段

充分利用校园网、电子信箱、电子显示屏和电信网络等现代化的办公手段,建立起高效的服务管理网络。通过网络传阅文件、发布通知,建立部门负责人手机短信平台,通过"微信、钉钉"等完成工作,大大提高办公效率。

总之,学校办公室的工作光荣而繁重,在新形势下面临着新的机遇和挑战。只要不断改革创新,锐意进取,办公室工作一定会迈上新台阶,为推动学校发展做出更大的贡献。

第五节 学校后勤管理工作的创新实践

学校后勤工作具有管理和服务两种功能,随着教育事业的快速发展,后勤工作必须积极推进、全面创新,才能跟上时代的步伐。作为一名管理者,要坚持以人为本,遵循学校后勤管理规律,加强后勤队伍建设,注重创新理念,提供优质的服务,才能主动适应学校教育改革和发展的需要。

一、队伍建设的创新

(一) 分工负责，协调推进

由于后勤工作具体、烦琐，所以必须实行分工负责制。什么工作由谁去做，什么时间做到什么程度，都必须明确具体。以贵港市高级中学为例，整个校园实行网格式管理，每人都有自己分管的教学楼、宿舍楼、会议室、操场、卫生间、道路等，每个区域均有人负责。需要团队合作才能完成的工作，要看事情属于谁的职责范围，是谁的职责，谁就牵头组织人员实施，并且负责到底，其他同志搞好配合。

(二) 加强交流，提升素质

学校后勤工作的特点是在幕后，是一项服务性、时效性较强的工作，每天处理的都是不起眼的小事，不容易做出成绩。工作中，应特别注意后勤人员的思想动态，通过学习、交流，不断为他们加油鼓劲，激励大家争当师生欢迎的后勤服务人员，做幸福的后勤人。例如每月召开一次后勤人员学习例会，这是统一思想、提升素质的有效途径。

二、管理方法的创新

(一) 提前规划，稳步实施

每个学期开学前后，我们要分别召开两个会议。一个会议在开学前，把当前和全学期要做的事情都列出来，分分类、排排队。按照常规，列出清单，逐项做好开学前的各项准备工作，变后勤为"前勤＋后勤"，保证师生能如期顺利开学。开学后，学校计划和各处室计划公布，我们再召开会议，根据学校和各处室工作重点，研究、制定、部署后勤工作重点，列出月份工作台账。这样，一学期的各项工作清晰可见、责任到人，后勤人员就可以自动对接，有条不紊、稳步推进。

（二）建言献策，谋划发展

除了认真做好分内的工作，工作人员还应结合学校发展实际，根据自己的调查、研究和思考，给校长提出合理化的意见和建议，供学校领导班子参考。例如，某学校的三间教室在十几年前改装成了语音室，随着时间的推移，近几年逐渐闲置。于是，某教职工向校长提交了《建议学校设立健身房的报告》，很快校长办公会就通过了，随即语音室被改装成了健身房。从意见被采纳到投入使用，仅仅用了40天，高效率、高质量地完成了这项工作，深受教职工好评。

三、服务措施的创新

（一）服务上门，现场解决

为师生服务的第一个路径是自上而下。如贵港市高级中学坚持每周三进行深入一线安全检查和维修，由总务主任和四名后勤人员携带工具包进班进年级组逐一检查，对有安全隐患和需要维修的地方，做到现场办公，及时处置。同时，认真倾听教职工的诉求，对本人职责范围能解决的及时解决，对于超出职权范围的，做好记录，及时向校长或校长办公会汇报，并向教职工反馈情况。

（二）倾听诉求，随时服务

服务的第二个路径是倾听自下而上的诉求，包括师生打电话、送维修单、到总务处报告等。工作中的事有大有小，大事固然要抓紧，小事也需认真办。诸如灯管不亮了、灯绳断了、窗扇脱轨了、桌凳坏了、饮水机漏水了，对于后勤人员来说，都是举手之劳的事。但对于学生来说，是大事，又是难事。后勤人员除上课外，其余工作时间都在办公室待命，保证在接到师生报告后，第一时间到达现场，及时做好维修服务，保证正常的教育教学秩序不受影响。

第六节 学校社会工作下的高中学生工作实践

当代学生经受着来自个体、家庭、社会等多方面的压力，导致一些学生出现思想、心理、行为偏差等问题。社会工作作为一门拥有自身独特的价值理念和灵活多样的工作方法的学科，将社会工作与传统学生工作相结合，可以有效弥补现有高中学生工作的缺陷，在解决多元复杂的学生问题时，更容易被学生接受，进而取得良好的教育成果。

一、学校社会工作的定义

社会工作是一种以利他主义为指导，以个案、小组、社区的专业社会工作方法为基础服务他人的活动，能帮助个人、家庭、群体、社区解决其所面临的困难。学校社会工作作为社会工作领域的重要分支，是以学校为工作场所，在助人自助的价值观的指导下，通过接纳、理智、保密、资源整合等原则，采用专业工作方法帮助在校高中生解决其高中阶段的学习、生活、心理等问题，引导学生树立健康向上的生活信念，不断锻炼学生的能力，保障学生的健康成长。

二、学校社会工作与学生工作的相似点

（一）工作内容的重合性

班主任是教师和管理队伍的重要组成部分，是开展德润教育的骨干力量，是学生德润教育和管理工作的组织者、实施者和指导者。班主任应当成为学生的人生导师和成长的知心朋友。由此可见，在新形势下，学生工作角色已由最初的管理者定位向管理、教育与服务等综合角色转变，这与学校社会工作者所扮演的助人者、治疗者、沟通者、指导者、咨询者、管理者和教育者具有重合性。

(二) 服务对象的共同性

学校社会工作的主要服务对象是学校领域的全体学生，处于困境的学生更是帮助重点。两者的服务对象基本重合，对于身处困难境地的学生尤其关注。因此，学校社会工作介入学生工作具有一定的可行性。

(三) 最终目标的一致性

新时期背景下，学校社会工作不再是单纯地进行思想政治教育和事务性管理工作。在日常的学生工作中，针对困难学生开展学习、心理等方面的辅导，帮助学生解决实际问题已经成为重要内容。学校社会工作作为一种专业服务，把为学生创造良好的学习和生活环境，提高学生适应社会的能力，在培养学生学习能力、思考和解决问题能力的同时，关注学生的人格发展作为主要的工作内容。由此可见，两者的工作效能和所要达到的最终目标具有一致性。

三、学校社会工作介入学生工作的方法

(一) 个案工作方法的介入

个案工作方法是指社会工作者运用有关人与社会的专业知识和技巧，为个人和家庭提供物质或情感方面的支持与服务，目的在于帮助个人和家庭减轻压力、解决问题，达到个人和社会的良好社会福利状态。在新形势下，高中生的价值取向呈现出多元化、复杂化的发展趋势，学校既要了解学生的共性，又不能忽视学生的个性。

(二) 小组工作方法的介入

小组工作方法是社会工作的方法之一，它通过有目的的团体经验，协助个人增进其社会功能，以更有效地处理个人、团体、社区的问题。

学校将小组工作方法应用到日常工作中，在有效缓解工作压力、提高

工作效率的同时，在小组内部的训练下帮助学生成长。学生工作者在接触遇到困难的学生后，可将其划分为不同性质的小组，如学习促进小组、心理辅导小组、就业帮扶小组、人际关系小组等，通过开展有针对性的活动，如课外辅导、知识竞赛、模拟面试、体育活动等，促进小组内学生之间的交流和提高，引导学生态度和行为的变化，进而实现学业进步、心理健康教育等目的。

（三）社区工作方法的介入

社区工作方法是指通过工作者使用各种工作方法，帮助一个社区行动系统，包括个人、小组及机构，在民主价值观念的指引下，参与有计划的集体行动，以解决社区内的社会问题。

将学生工作与社区工作方法相结合，学校可以将校园看作一个有着专职管理人员、多样活动场所、充足活动经费的社区，学生工作者可以在整个社区的范围之内，引导内部力量和资源来进行有效配合。同时，学生工作者可以根据学生中存在的普遍问题，采取宏观的解决方法。例如，对学生进行专题讲座培训掌握考试技巧、提升信心；对学业存在困难的学生定期举办学习经验交流会和阶段学习自查会，及时纠正错误习惯、总结成功经验。总而言之，将学生工作与社区工作方法相结合，就是使学生在学校这个"社区"内，将所学的知识和实践活动加以结合，实现学生的自我成长①。

---

① 杨萍，李包庚. 实现中华民族伟大复兴需要持续发扬抗战精神 [J]. 中共宁波市委党校学报，2016，38（4）：59.

第四章　德润教育理论探究

第一节 立德润身，以文"化"人

《礼记·大学》："富润屋，德润身。"意思是真正的富人的房子，不一定都要雕梁画栋，即使住在茅草屋里，进到他房子里的人都能感觉到一股兴旺之气；品德高尚的人，其身体外在就能反映其品行等内在气质修养，这就是所谓的"润"。曾子云："自天子以至于庶民，壹是皆以修身为本，其本乱而未治者，否矣。"意思是说，从天子到普通百姓，一切的中心都是以"修身"作为根本，如果根本的东西乱了而其他末节达成了，做事是要失败的。古人对于"修身"必要性和重要性的认识告诉我们，丢了"修身"这个根本，其他得到的也会失去。

因此，贵港市高级中学提出"德润教育"育人理念，全力打造"德润教育"特色，在实践过程中，积极开展各种德育活动，构建独具特色的校本课程，逐渐形成特色文化氛围"德润文化"，面向未来，着眼世界，努力提高广大师生的综合素质，提升学校的办学水平。

一、以学促德，开展"四个一"主题德育活动

教育家陶行知说："先生不应该专教书，他的责任是教人做人；学生不应该专读书，他的责任是学习人生之道。"对于少年儿童来说，文化知识、开发智力固然重要，但德育的培养才是教育的根本。为了夯实根本，贵港市高级中学先后开展了"四个一"主题教育活动。

一年一次的新生入学养成教育活动。九月份高一新生从入学第一天开始，要接受不少于30天的养成教育。"养成教育"就是培养学生良好的行为习惯、语言习惯和思维习惯的教育。美国心理学家威廉·詹姆士说了这样一句话："播下一个行动，收获一种习惯；播下一种习惯，收获一种性格；播下一种性格，收获一种命运。"养成教育让学生形成良好的生活学习习

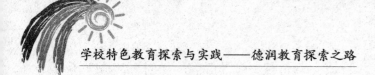

惯，这是德育的基础。

一年一次的经典诵读活动。经典诵读活动是弘扬中华文化、弘扬民族优秀文化传统的活动。从《论语》到《孟子》、《荀子》、《韩非子》、《中庸》，从《诗经》到《汉乐府》，从唐诗、宋词、元曲到明清的四大名著，这些都是经典的德育教材，让学生每天诵读经典，每年举行一次经典诵读比赛活动，由语文老师组织监督落实，对学生形成一种耳濡目染的德育教育。

一年一次的"成人礼暨远足踏青"活动。每年5月份，高三年级都会举行这个活动，通过活动，表明学生已经成人，要敢于担当，要懂得感恩父母，感恩老师，同时还要有坚强的毅力去面对高考，面对人生的挑战。

一月一次的主题教育活动。一年12个月，每个月都在进行主题德育活动。每个月确定明确的主题，根据主题开展不同的活动。12个月的主题为：1月份为"运动与健康"；2月份为"讲文明，树新风"；3月份为"关爱生命，安全伴我行"；4月份为"缅怀革命先烈，弘扬中华传统"；5月份为"传承美德，争先创优"；6月份为"立志成才，报效祖国"；7份月为"服务社会，磨练意志"；8月份为"学前教育，军事训练"；9月份为"习惯养成，尊师重教"；10月份为"培养和践行社会主义核心价值观"；11月份为"科技、文化、体育、艺术"；12月份为"安全与法制"。

二、以社团为载体，开展一系列教育活动

多姿多彩的社团活动，为学生提供了展现自己爱好与技能的更广阔课堂。我校社团共分为学术科技、文化艺术、体育健身、实践服务四大类，共29个社团。社团活动丰富了学生课余文化生活，培养了学生的兴趣爱好，发展了学生个性特长，激发了学生潜能，促进了学生身心健康，培养了学生的创新精神和实践能力。

三、以文"化"人，构建特色课程

学生要不断取得健康发展，特别是不断增强自身的创新素质，主要取

决于两个关键因素：一是在实践活动中实现发展，离开实践活动，学生的发展就成了无源之水；二是实现自主发展，任何人都不能代替学生的学习和发展。因此，在培育学生时，我们更注重"以文'化'人"。

(一) 以文"化"人，与特色同行

国家总督学顾问陶西平先生曾说："在生活中，所有饭菜的核心价值都是营养和卫生，但有的人愿意吃川菜，有的人愿意吃湘菜，就是因为这些菜的附加价值不一样，因而各有特色。"因此，特色教育实际上就给家长和学生提供了更多的选择空间，它充分体现了教育能为社会的需求和发展服务。

为此，贵港市高级中学一直在构建独具特色的课程体系，以多元的目标、丰富的内容、灵活的方法和个性化评价为手段，促进每个学生充分发展。贵港市高级中学提出了"国本教材校本化、校本教材特色化、班本教材品质化"的要求，用特色彰显品质；如相继开国学、书法、绘画、舞蹈、英语、跆拳道、机器人等特色课程，为校园文化注入了新的活力，更好地促进了"德润教育"教育特色的发展，提升了学生的综合素质。

(二) 以文"化"人，与时代同步

我们坚持借助重大节日与时代同步，实施主题教育活动化，使学生在活动感悟。比如在推进感恩教育时，我们利用清明节、母亲节、国旗下讲话、收看"感动中国颁奖盛典"的纪录片、"给妈妈的一封信"等活动。开展感恩教育，端正学生思想行为，找到学习的热情和动力。在推进革命传统励志教育时，我们组织开展学雷锋活动、缅怀革命先烈扫墓活动。

第二节 完美教育，德润学子

一、课程育人，优化学科渗透

课程是学校教育教学的主渠道，更是落实立德树人根本任务的重要载体。从建校起，我们不断优化课程改革的资源，构建"教"与"育"有机融合的全方位育人完美课程体系，实现课程育人价值的深度开发。

贵港市高级中学课程凸显两点价值追求：明义笃诚、尚和竞先。体现五个关键要素：彰显育人价值、洋溢成长气息、直抵核心素养、充满智慧挑战、提升生命质量。达成五个基本目标：学会做人的基本道理，持续发展的基本动力，终生学习的基本知识，融入社会的基本经验，智慧人生的基本思维。

一是坚持国家课程校本化改造。基于学生发展核心素养、融入社会主义核心价值观、纳入学生成长身心发展规律、结合学校发展人文特点，最终形成了以道德与法治课程为核心，以语文、历史课程为两翼，以其他学科为渗透的，更具育人价值、更关注核心素养的整合版的学科育人课程群。二是坚持校本课程精品化开发。先后开创"润德课程群"，实现以德育人；开设"启智课程群"，实现以智育人；开发"健美课程群"，实现以美润人。三是坚持特色课程品牌化创生。贵港市高级中学已经构建起了社会资源课程、校企合作课程、家长参与课程等；国旗下讲话课程、班级课程、节日课程等，提升了学生发展的完整性。

二、以文"化"人，浸润学子心灵

学校在德育中用以文"化"人的方式打造有灵魂的人，注重人与文化之间的双向建构，以人类文化的正向价值为导引，直抵学生心灵。

一是通过浑厚底蕴的学校文化浸润学生。完美的学校文化环境是学生成长发展的"教育磁场"，贵港市高级中学打造了罗尔纲纪念馆、校史馆等育人空间，营造和美、淑美、壮美的环境。整个学校精神饱满、朝气蓬勃，深刻浸润着学生的价值取向、人格塑造、精神面貌、道德情操、审美情趣。二是通过特色丰富的班级文化熏陶学生。在学校文化的引领下，各班级建设自己各具特色的班级文化，如梦想文化、班刊文化等。学校定期举行"班刊比赛"班级文化展示活动，推动班级文化的品质提升。三是通过创建和谐的网络文化影响学生。建立班级博客、微信平台、家长微信群、QQ 群、班级人人通等，搭建优质文化传送的桥梁和纽带，搭建学生展现自我的平台。

三、活动育人，丰盈德育载体

丰富的德育活动是锤炼学生意志品质的有效载体。贵港市高级中学致力于丰富德育活动的内容、创新德育活动的形式，让活动成为一颗颗萌发的种子，唤醒学生的正气，塑造学生的心灵。

学校定期举行仪式类活动。如每周一举行的升旗仪式，在国旗和校旗的飘扬间，培育学生爱国、爱校、爱家的家国情怀。每月举行的共青团团日活动，增强了团员的使命感与责任感。

贵港市高级中学借助"我们的节日"一系列活动，挖掘中华传统节日文化等育人资源，提升学生的文化认同感、文化自信力。如，"我们的节日——重阳节朗诵比赛"，培养学生尊老爱老助老的美德；"我们的节日——国庆节书画比赛"，增强学生的国家意识和爱国信念，激励他们为中华民族伟大复兴而奋斗。

深受学生喜爱的校园"十大歌手比赛"、话剧晚会、英语辩论赛、心理剧表演、艺术节等活动，全部由学生主办，提升了学生的自主管理能力，挖掘出了学生自身的潜能。

"社团活动"实现了全员参与，目前 29 个社团由学生自主发起、自主管理、多元评价，取得了丰硕的成果：机器人社团在全国机器人科技大赛中摘得一等奖的好成绩；乒乓球协会每年进行校际之间的比赛；足球社团参加贵港市的足球比赛……

"微熹大讲堂"活动邀请各行各业的大家、名家定期走进校园，与同

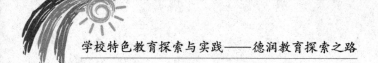

学们面对面近距离互动交流。这开阔了学生视野、启迪了学生思想、提高了学生学习发展的能力和综合素质。

四、实践育人，创新知行合一

社会实践是学校全面育人的重要环节。贵港市高级中学广泛挖掘社会实践教育资源，践行知行合一育人理念，增强学生的社会责任感和创新实践能力。

一是整合社会资源，开展主题教育活动。学校通过各种途径，利用社会资源，开展主题教育活动，主要活动有"六个走进活动"：走进军营、走进农村、走进工厂、走进单位、走进社区、走进大自然等活动。通过组织学生走进部队，培养学生爱国情怀；通过学生走进单位和工厂，培养学生学习兴趣，例如走进气象局，培养学生对地理学科的学习兴趣；通过组织学生学雷锋进社区慰问环卫工人、青少年志愿者活动、助残阳光义卖、关注自闭症儿童、聋哑儿童等活动，培养尊重、理解、关心、帮助、接纳和包容的同理心。二是践行知行合一，开展研学旅行活动。研学旅行是由教育部门和学校有计划地组织安排，通过集体旅行、集中食宿方式开展的研究性学习和旅行体验相结合的校外教育活动，现已形成"全员参与、集体观念、知行合一、实践能力"的研学体系。

五、管理育人，凸显以"人"为本

为保障德育工作的深入实施，学校建立健全现代化制度体系，规范育人细节，凸显以"人"为本的管理育人理念。

（一）健全师生发展规章制度，激发民主管理活力

以学校章程为依据，以保障学生健康成长为目的，从依法办学、科学发展、岗位职责、自主管理、立德树人、教师发展、课程教学、民主监督、社区参与、社团活动十大方面制定学校规章制度，保证全员、全程、全方位立德树人的落实。

(二) 抓好学生习惯养成教育, 提升自主管理能力

通过学习《中学生守则》《中学生日常行为规范》和"学生一日常规"引导学生的言行, 养成良好的礼仪习惯、生活习惯、卫生习惯、学习习惯等。实行生生班干部、事事有人管的自主管理制度, 让每个学生都参与到班级管理中, 在管理中规范自我, 在管理中提升自我, 增强主人翁意识。

(三) 加强师德师风建设, 提升全员育人能力

开展"修身工程", 实施"为责任而读书、为理想而教书"的立体阅读提升素养计划, 引导教师以德立身、以德立学、以德施教、以德育德。每年的三月和九月是"师德师风建设月", 通过师德主题报告、师德建设征文等活动, 切实提升教师队伍思想道德水平和业务水平。实施"全员育人""一岗双责", 切实深入学生学习、生活的方方面面, 形成齐抓共管的良好局面。

六、协同育人, 扩展发展空间

学生的成长发展离不开学校, 也离不开家庭与社会。贵港高中积极拓宽学生发展空间, 构建起以学校教育为主体, 以家庭教育、社会教育为两翼的协同育人体系。

(一) 家校合作, 让家长成为育人的同盟军

依据《贵港高中家委会章程》, 构建校级、年级、班级三级家委会, 参与学校教育教学和学生育人的全过程, 家长由"从旁协助"走向"共同治理"。定期开展家庭教育公益讲座等活动, 不断提高家长参与管理的能力和教育子女的水平。

(二) 挖掘社区资源, 建立四大教育基地

贵港市高级中学充分发挥高中资源, 建立了罗尔纲纪念馆等爱国主

义教育基地、青少年德育实践基地……整体营造起推动学生健康成长的氛围。

完善教育，德润学子。我们致力帮助学生养成良好习惯，为每个孩子的智慧人生奠基。

第三节　德润教育奏响育人凯歌

在"让每一个学生都赢得未来"的办学理念指导下，我们进一步提出了"德润其身，养正为品"的主张，即德润教育。

一、构建德润校园，优化育人环境

德育与文化是水乳交融、密不可分的，也是相互促进、相得益彰的。"德润"校园就是以"德润文化"为主体，以"德润教师""德润学生""德润班级"为核心，用高尚的道德情操浸润心灵，在丰富实效的思想道德体验中提升全体师生的整体素质。学校实现让校园内"一草一木会说话，一墙一壁皆育人"。需做到如下几个方面：建设"廊文化"。楼内走廊横梁悬挂名人名言或警示标语；立柱内侧悬挂学校名师、名班主任、各类标兵照片，展示名师风采；栏杆内侧设计学校主题活动宣传板。建设"墙文化"。各楼各层西墙，粘贴图画、标语以及学生制作、手抄报、绘画和活动照片等。建设"班文化"。在每个教室南墙中间有学校统一设计版面的"德润教育"专栏，由班主任丰富内容；每月更换一期黑板报；教室前开辟学生书画作品展示栏。建设"楼道文化"。楼道墙壁悬挂学生剪纸、书法、绘画、科技等作品。建设"办公室文化"。办公室内墙壁悬挂教育家名言，让教师感受德润教育的熏陶[①]。

---

① 刘向东. 信息技术与中职德育课堂教学深度融合探究 [J]. 教育现代化，2018，5（21）:137~139.

二、评选德润教师，打造卓越团队

教师是立校之本，师德是教育之魂。贵港市高级中学通过开展"德润教师"评选活动，逐步建成一支务实高效、精干、开拓的干部、教师队伍。一是加强理论学习，提高理论素质。定期组织学习，开展教育思想大讨论。利用寒暑假集中对教师进行政治学习；在党员干部中积极开展"三会一课制度"，在教师中积极开展"三比三看"活动。通过每月举行的"德润论坛"活动，让教师和干部在学习中提高，用制度来规范。二是广泛开展了"为人师表"系列活动：做学生的朋友，关爱学生；做学生的楷模，榜样引导；做家长的朋友，沟通交流；做人师，为典范。对教师的言谈举止提出具体要求，做到"五要五不要"。三是在舆论监督中约束教师的育人行为。学校聘请了校外师德师风巡视员；设立了师德师风举报箱，开通了师德师风"校长热线"，让学生和家长及时反映教师师德师风中存在的问题。学校还定期举办优秀教案、优质课、优秀论文评比活动，在广大教师中掀起比、学、赶、帮、超的工作热潮。定期组织各学校教师集中学习陶行知思想和贵港市高级中学优秀教师的敬业精神。每学期末，开展校级的"德润教师"评选，让教师在自评、他评中自我成长。

三、评选德润班级，创建温馨家园

为创建良好班级，贵港市高级中学出台了《星级德润班级》流动机制，加强了各班学生的集体主义精神教育，提高了大家的荣誉感；考核了班主任以及科任教师在各自的班级管理中的工作成效，达到奖励先进、激励后进，争创优秀班级的目的。学校要求每个班级要以《中学生守则》《中学生日常行为规范》为准则具体制定本班训练目标及《班级管理制度》，狠抓学生基本生活习惯、文明语言、举止行为、纪律道德、学习习惯等，使常规管理制度化。其次，常规管理需要建立监督机制。班主任可以依靠班级组织的力量，及时了解情况，适当加以引导，将常规管理落到实处。学生会每天都会对各班的常规情况进行检查，然后公示，每月进行"星级德润

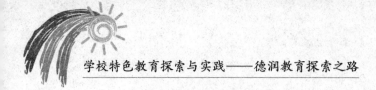

班级"的评比，强化落实学生的习惯、班级的常规管理制度等。

四、评选德润之星，培育时代新人

中学阶段是学生养成良好习惯的重要时期。学校把"习惯成就未来"作为德育教育的指导思想，将德润教育落实在良好习惯的养成中，抓好"德润之星，润泽校园"工作，将学生行为习惯培养寓于生动活泼、喜闻乐见的活动中，积极开展"德润之星"的评选活动。评选"德润之星"的标准共有36条，并将36条标准编成养成评价手册和校本教材，通过积累"德智星""德艺星"卡，引导学生从做好成长小事中感悟责任的重要性。同时学校还将德润教育体现在学生自主管理的过程中，加强对学生"三自"——自理、自立、自律能力的培养，制定了管理目标，建设自主管理队伍，施行了干部轮任等自主管理方式，大力开展自主发展的能力训练，使学生的意志品质得到锻炼和加强。目前"德润之星"评选活动，成为学校生动、具体的德育教育中的重要一环。

第四节　书香育人，德润校园

春风化雨，书香育人，读书有益于育德、励志、明史、启智，是人的素质全面发展的重要途径。一个充满幸福和谐的校园，离不开浓郁的书香气。营造书香校园，建构书香德育环境，德育工作会更加诗意化，更具有实效性。贵港高中着力培养学生的读书兴趣，开展多彩的读书活动，全方位引领德育工作的特色。

一、营造氛围，让校园溢满书香

"书香校园"是一个处处有景点，处处有经典，处处有特色，处处有品味，处处有内涵，处处有哲思，处处有文化，处处有精神的人文环境，使师生员工浸润在这样的文化氛围之中，身心受到感染和熏陶，文化积淀，修养提高，精神丰富。学校充分利用校园电子屏、橱窗、板报、图书角、校园网、校讯通等，营造浓郁的读书氛围，及时向师生推荐优秀读物，使校园中处处散发书卷的芳香，时时飘荡琅琅书声。

二、引领阅读，让学生书山有路

（一）设立课程，让阅读有时间

读书不是口号，要真正落实，必须保证学生有专门的阅读时间。为了保证阅读时间，学校安排了"诵读经典"早读，时间是6：50～7：20。高一年级每周一节读书课，由语文老师安排，带领学生到图书馆阅读。我们还设立了全校师生阅读时间，即每周五第七节课，在这一节课当中，我们的教师和学生都要读书，并记录读书笔记。学校定期开展老师、学生读书交流沙龙活动、读书笔记展览活动，确保师生读书有时间，交流有平台。

（二）加大投入，持续改善读书条件

学校不断完善图书馆、阅览室资源建设，为师生提供丰富的精品图书。学校设立的图书室，图书阅览室，每年定期更新一批图书。不仅丰富了藏书量，而且开辟了"新书导读"和"新书介绍"栏目向师生宣传和介绍名人文学作品，引导师生读好书。图书馆增加管理员，加强管理，为学生借阅书籍提供方便。

（三）建立班级图书角，让阅读有保障

只依靠图书馆，是不能满足学生们的阅读，也不是很方便，通过建立班级图书角，弥补图书馆的不足。班级图书角的书，一部分是学校图书室提供的，一部分是学生自己带的书。学生根据学校推荐的书目，在班主任老师的统一调配下自由购买，做到了每个班都有推荐的书目，让好书在班级间漂流，让学生能花最少的钱读最多的书。同时我们还鼓励学生在家里建立自己的藏书架。

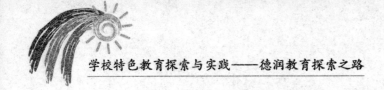

（四）制度保障，拓展学生读书空间

1. 努力提高图书流通率，为学生读书创造条件。图书馆、阅览室全天（周末、节假日除外）积极向学生开放图书阅览室。

2. 积极创造条件开设校本阅读课程。学校平时精心组织、认真指导学生开展阅读活动，充分发挥课堂主渠道作用；切实减轻课业负担，保障学生课外阅读时间；积极引导学生加强课外阅读，不断拓宽学生阅读面，让学生在文学、科技、艺术、历史等领域有所涉猎，努力养成并发展自身的兴趣爱好。

3. 根据学生身心发展规律，积极开展校园主题阅读活动。充分挖掘学校和地方传统文化的资源，依托现有的文学社、小记者站等兴趣小组和社团组织，有计划、有步骤的开展各类课外读书活动。学校努力提供必要的物质支持，努力办好校报、校刊、校园网等，为学生提供展示自我的广阔舞台。

4. 结合学生身心特点，积极开展丰富多彩的读书活动。学校每年结合世界读书日，进一步宣传读书的意义，传播读书的经验、方法等。每年结合读书节，通过读书报告会、演讲会、故事会、佳作欣赏会、读写大赛、读书征文、知识竞赛、经典诵读、读书笔记展评等，使读书活动校本化、系列化、特色化；通过开展"阅读之星"、"书香青年"、"书香班级"等评选活动，促进阅读活动优质高效。

5. 加强研究，有效提高读书质量

学校从实际出发，围绕培养学生的阅读兴趣、指导学生提高阅读能力等进行专题研究，逐步探索和建立适合中学生课外阅读的评价机制。积极将语文教师开展读书活动指导工作列入绩效考核范围，做到有计划、有活动、有检查、有总结。同时，将读书活动纳入学校的活动课程计划。定期开展教师专题读书指导和学生成果评比，定期开设读书指导课和读书指导研究课。

三、开展活动，让阅读有快乐

1. 每年的读书节，让学生尽情享受阅读、分享快乐。

我校每年的读书节开展一系列的活动：书签制作、读书手抄报比赛，发挥了学生的想象力，让美术教育与读书活动结合起来；颂祖国朗诵赛、优秀读后感评比、让阅读与写作结合起来。读书节活动结束后我们对获奖的班级、个人一一进行了表彰，同时也涌现出一大批阅读之星。

2. 各年级、班级开展形式多样的活动，让学生快乐阅读。

班级是学生阅读的主要阵地，为此个个班级开展了形式多样的活动，如开展了《论语》诵读比赛、《弟子规》背诵比赛、英语朗诵比赛等，通过各种活动，激发学生的阅读兴趣，拓宽学生的阅读范围。

第五节 文化学校，德润家庭

一、学校文化与校园文化的认识

学校文化是多种教育文化形态的文化场，反映着学校的发展方向；校长文化是学校发展的魂，是校长哲学思维与时代精神转换的综合体。很多老师甚至是校长，都会简单地把校园文化当成是学校文化，其实两者不可比拟。学校文化是学校的精神与灵魂；学校的文化，需要确立自身的办学精神，设定目标战略的价值，探索内在的逻辑体系，更需要说明办学和育人的独特关系。而这些意在解决办学目标不明，师者精神疲倦，人才规格僵化，育人秩序错乱，组织结构无序等而出现的学校文化危机问题。

校园文化是存在于学校中的动态与静态的文化。当校长的一定要明白，学校的墙壁要说话，学校的流水要唱歌，要知道什么叫学校文化，必须从环境做起，教育必须用环境的力量进行灵魂塑造，中外教育家办教育的共识，环境文化，澎湃的激情，常常令人浮想联翩，产生创造的冲动，也就是说培养创新型的人才是需要环境设置，环境文化的氛围。

人是攥着两拳来到这个世界上的，但走时却是"撒手人寰"。有形的东西一点儿也留不下，留下来的都是精神。架构动静态的校园文化思想，师生目之所及，要有"魂"统领，架构师者先善其德的育人规则。

二、家庭文化的重新理解

家庭文化中对父亲文化和母亲文化的不同阐述，使我对家庭教育有了完全不同的认识。德无根可立人，善非药可医俗，家庭对孩子的作用在于：父亲引道，母亲润德，通达"家庭文化育人，德润性情天下"。

（一）父亲文化在于"道"的引领，体现在"从、比、北、化"

从：父子一前一后进发，不只是跟从，更在于一种方向一种价值取向的导航。

比：重在父子比肩而行的亲近。

北：文化意蕴，在于"北"的南北相向，同"背"，背道而驰。

化：变化。只有父子在不断地变化才能设立幸福的资本。

一个孩子，如果失去了父亲精神的引领，是父爱的失聪；如果少了理性的庇护，是父爱的失慎；如果少了方向感的把握，是父爱的失控；如果少了理性的思辨，是父爱的失策；如果少了文化育人的浸润，则是父爱的失察。这其中，无论是父爱的失聪、失慎、失控、失策、失察，都是家庭教育在文化上的失落。父爱的失聪是家庭审美意境的失败，失慎是思想力的落拓，失控是前瞻力的落伍，失策是洞察力的落寞，失察是人性美德的落败，失落是社会意识的落泊，失败是幸福家庭的落空。

（二）母亲文化在于"德"的润养，体现在"德、言、容、功"

一个好媳妇幸福三代人。母亲的责任在于对子女的成长施以德行、礼仪、品性、气质、性格的塑造，这种塑造是"行为示范"的"精神教练"式的示范。这种浸润式的熏陶，不管是有意还是无意，都会对子女的性格形成产生水滴石穿般的精神浸渍。

德：不是掌握多少知识，而是母性散发的仁慈、包容、良知、宽厚的行为和状态。

言：母亲的话语，是孩子日后行为的准则，母亲说的话，表达母亲的意愿却形成子女日后的力量。语言是思想的外衣，言，不只是母亲的修为和识见，也是母亲尚美情感和文化气质的思想传播。

容：母亲的"容"颜，更在于向孩子表达一种美、浸润一种端庄贤淑的文化气质。

功：重在母亲操持家务的技能和对子女生活能力的引导。此技能看似很小，却孕育创新的智慧，技能表达的不只是心灵手巧，还是一种劳动光荣的引导。

一个孩子，如果失去了母亲温柔的庇护，是母爱的缺失；如果少了德行的表达，是母爱的缺损；如果少了贤惠的作为，是母爱的缺漏；如果少了精神的引领，则是母爱的缺项。这其中，无论是母爱的缺失、缺损、缺漏、缺项，都是家庭文化育人的缺场、母爱的缺位、家庭审美情趣的缺席。缺失是思想的乏味，缺损是心智的沉溺，缺漏是幸福的忧伤，缺项是愚蠢的结伴，缺场是软弱的摧残，缺位是遗憾的无知，缺席是傲慢的尊严。

由此，我们感悟到：人的知识、能力和视野主要是学校教育给的；人的性情、秉性和性格主要是家庭教育给的。一流的考生并不是一流的学生，更不是一流的人才。家庭硬实力是为生存服务的，软实力才是家庭的生机，二者缺一不可。能和上级沟通，表达的是修养和胆识；能和下级沟通，表达的是关心和支持；能和同级沟通，表达的是谦虚和畅言。好孩子不是教育出来的，而是家庭文化熏陶出来的[1]。

---

[1] 沈文钦，王东芳.世界高等教育体系的五大梯队与中国的战略抉择[J].高等教育研究，2014，35（1）：1~10

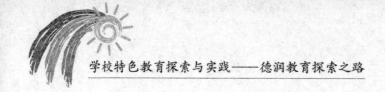

第六节 "师"爱化雨时,"德"润细无声

一、发现——每个学生都是一粒金子

"充满爱心,聆听学生、尊重学生、发现学生"。贵港市高级中学的每位教师都以真诚的爱心对待学生,不因落后而放弃,不因平凡而忽略。学校要求教师必须具备爱的能力、懂得尊重学生的人格,让学生在被爱与被尊重的前提下接受教育,接受正确的理性引导,同样学会尊重,学会爱。

贵港市高级中学培养教师从滋养"爱心"入手,做博爱型教师,俯下身来欣赏学生,多元地认识学生的智能,发现学生的闪光点。教师要创设情境,创造机会,促使学生全面发展,像无私的园丁,让爱的雨露滋润孩子的心田。对那些所谓的"学困生",坚信"各木"都可雕,更多地施予爱的阳光和雨露,做到"爱心、耐心、恒心"并举,"精诚所至",等待"金石为开"。

贵港市高级中学的每名教师都有一双慧眼,每双慧眼都在发现学生的特点,每个学生都是一粒金子,每粒金子都在发光。

二、感染——每位教师都是一个偶像

贵港市高级中学教师奉行师德化雨、润物无声,用爱与魅力来感染学生。"腹有诗书气自华",教师的"华气"来自读书、行走,不断地学习,不断地更新,不断地从读书学习中更新自己、影响学生,提升自己、成就学生。

贵港市高级中学培养教师从提升"实力"入手,做学习型教师,丰富文化底蕴,努力使教师成为知识广博的博家、杂家、全家。学校通过校长赠书、青蓝结对、研修联赛等活动,带领教师勤于读书,不断成长,养成终身学习的习惯,以此丰富教师底蕴,教师时时有新知新得与学生交流分享、平等对话。

每名贵港市高级中学教师都是学生的偶像,每个偶像都在感染学生,每个学生都在为成为国家社会的有用之才而努力。

三、成就——给每个孩子一片天空

贵港市高级中学的办学理念是"让每一个学生都赢得未来"，教师如何让学生赢得未来，才是教育的关键。要成就每一个学生，就要让他们具备成功的条件，他们在学校里要学会学习、学会生活，学会交际，学会自信、学会理解、学会感恩、学会负责、学会奋斗等等，这才是他们成功，赢得未来的保证。

贵高的核心价值观是：强化爱与责任，共建和谐贵高。教师要做到"爱与责任"，就是时时刻刻给学生教育，给学生启迪，给学生爱心，在学习中，在生活中，这等于给孩子一片天空，给他们一双翅膀，让他们能够自由飞翔。这些要靠学校的各种教育活动设计，要靠老师们在教学中、生活中的点滴关怀和无私奉献。学校为学生提供各种平台，让学生得到全面发展，例如学生自主开展社团活动，拍摄微电影，主持校园新闻、校园广播，出版校园刊物，开展球类比赛等，丰富的教育活动设计，让学生在活动中得到学习，锻炼，提高，在活动中体会成长，体味成功，最终都将拥有一片属于自己的天空。班主任们对待学生，就像对待自己的孩子一样，经常和学生聊天谈心，解决各种心理问题。老师们和学生就像朋友一样，在生活中多方面进行交流，有的老师还邀请一群学生到自己的家里做客，通过各种交流，给学生学习的兴趣，学会做人的道理。学校开展"万名教师进万家"家访活动，每年暑假，老师们都要进行家访，特别是对学困生、家庭经济困难的学生进行家访，了解学生家庭经济、生活现状，了解学生在家的思想状况、学习习惯，以便于针对学生家庭成长环境进行因材施教。

贵港市高级中学育人目标是培养"明义端方、齐圣广渊的时代新人"，通过学校、教师的努力，希望学生能够常怀一颗感恩之心去爱自己、爱父母、爱社会、爱自己的国家，希望他们走出校园，能够走出自己的一片天地，赢得未来。每周一的升旗仪式，既是一次珍贵的爱国主义、集体主义教育，春风化雨般激发学生的爱国情感。每月的节日、纪念日课程，给了学生古今中外丰富的文化营养。每年一届的校园文化艺术节，成为学生特色发展展示的重要舞台……

贵港市高级中学从学生"全面"入手，尽力成就每一个孩子，为每一个学生搭建成长平台。多年来，贵港市高级中学建立起了"以实践活动为载体，引领自我教育；以欣赏理解为纽带，实现人格感悟；以多元评价为手段，张扬学生个性"的学生培养模式，为学生的终身发展奠基，让学生快乐成长。

所以，在贵港市高级中学，每一个教师都是"成就者"，每一个学生都是"成功者"，每一个孩子都自乐其乐，每一位教师都各美其美。

第七节 "以美润德"德育模式探索与实践

培养什么人，怎样培养人，是教育的根本问题和永恒主题。十八大报告明确指出：教育的根本任务是"立德树人"。因此以"教书育人"为中心工作的学校，必须坚持育人为先，德育为首。然而，通常以规则、制度、奖惩为标准，以灌输、说教为主要方式的外施性德育模式又低质低效，所以探索高质高效的德育模式十分必要和紧迫。

一、当前我国中小学校德育的普遍状况

（一）目标要求过于理想、高大

推崇"圣人道德"和"英雄道德"，"假、大、空"抽象的口号式的德育要求过多。如要求学生"只讲奉献，不讲索取""大公无私"，而忽略学生日常文明礼貌、基本道德的要求及训练，容易造成学生基本品德修养和行为规范的缺失。

(二) 把德育等同于知识教育

虽然开设了《品德与生活》和《品德和社会》，以及《思想品德》德育课程，但由于应试教育及升学的影响，存在重"智育"轻"德育"的现象，把德育等同于知识教育，抱着"只要让学生背诵，记得就可以了"的理念，以知识代替行为，以书本知识的考试代替对学生的全面系统的品德评价，造成学生只会说不会做，知行不一。

(三) 德育的方式单一，难以内化

通过开设思想品德课，以及制定诸如学生守则、行为规范、奖惩制度，规范学生能做什么，不能做什么，并以灌输和说服为主要方式，忽略学生的主体性，没有学生的体验。把学生当成消极接受德育说教的"录音机"，没有自主和独立思考的能力，社会行为准则就难以内化为学生的自觉行动。

可见，要落实"立德树人"的根本任务，既有的倾向于对学生外施性的、刻意的、控制性的德育方式低质低效，必须寻找探索出更有效的德育理念和途径，才能改变当前学校德育的困境。

二、"以美润德"德育理念的依据

理论和实践研究都表明，面对新形势，中学德育必须以生为本，实行生本教育，以人的自主学习为核心，整合各种教育资源和力量，在充分发挥课堂教学主渠道作用的同时，将课程建设、学生自主管理、环境建设和美育教育有机地结合起来，使学生的生命得到激扬，人的固有的向上的力量得以发挥，让学生充分享受学习和成长的快乐，从而变得大方自信、向真、向善、向美，形成积极高尚的道德情操和良好的道德本性，这才是德育教育的根本。

（一）以生为本，营造美好的学习生活

生本教育创始人郭思乐教授认为，学校德育教育的基础在于儿童美好的学习生活，但有的原发于儿童外部世界的晓理教育、制度教育、奖惩教育等外施性德育面临的困难是难以进入儿童心灵深处的，如同用"折筷子"的故事让儿童认识"团结"，未必能进入心灵。但如果让他们在学习中自主地进行大量克服无知的个体或合作活动，就会在和谐的、创造的、愉悦的本能下潜移默化地把仁爱、友善、合群融为本性。这种出于自然、淳朴、简单、内在、主动而形成的德育体验，必然浸润出自信、友爱、向上的良好品性。

（二）寓德于美，由规则走向自然

有两个小朋友见到一坛盛开的花，一个小朋友说："不要摘，老师会批评的！"另一个则说："这花太美了！不要摘！"第一个小朋友是因规范的行为而不摘花，第二个小朋友是因审美导致不摘花。显然，学校不但要进行规矩、奖惩的行为教育，更需要进行美育，培养学生正确的审美观和感受美、鉴赏美、创造美的能力，通过对艺术美、自然美和社会美的充分感受，懂得什么是真、善、美，什么是假、恶、丑。激发他们的美感，陶冶他们的情操，提高他们的生活情趣，使他们变得高尚、积极，在思想上全面的健康成长。

美育是一种情感教育，通过具体感情的审美对象，诱发受教育者的各种审美功能，从而获得个体心灵的满足和升华，是受教育者对教育内容自然而然的发自内心情感的认可过程。这个与生本教育强调依靠学生的参与、感悟的观点一致，因此把思想品德教育寓于美育之中，以美引善，使人在享受美的过程中受到潜移默化的教育，实现以美润德的效能。

三、"以美润德"学校德育模式的探索与实践

德育和智慧的起源都发自美感。把德育和美育有机结合，让学生在美

好的学习生活中成长，应该是学校德育模式的最佳选择和途径。具体可以从以下四个方面去探索与实践。

（一）美的课堂是根本

学习是学生的主业，课堂是学生在学校中占用时间和空间最多的地方，是学习生活最重要的场所，让学生喜欢课堂、享受课堂是学生热爱生活，热爱学习的关键。学生喜欢怎样的课堂？怎样的课堂才是美的课堂？传统的注重教师教，以师为本的课堂，压制、控制学生的生命活力，违背学生的学习天性，与生命的自然取向相抵触，使得课堂教学成为德育的问题源，厌倦课堂，无心向学，不守纪律，冷漠社会。生本课堂以"一切为了学生，高度尊重学生，全面依靠学生"为理念，以"先做后学、先学后教、以学定教、少教多学、不教而教"的教学方式，把主要依靠教转化为在教者帮助下主要依靠学，把课堂还给学生，让学生获得尽可能大的自主学习空间，问题让学生去发现，内容让学生讲，规律让学生自己找，题目让学生自己出，从而最大限度地调动了情感和认识统一的本能，享受自主、创新的愉悦。同时，让学习和学生的丰富生活紧密联系，从而保证了知识过程的情感和认识的同一性，并依托无边无际的实际生活，让学生带着生活中的例子，追寻着知识的发生、发展和发现的过程，形成催人奋进的学习氛围。让学生把学习变成自己的事，并享受着美妙的学习过程，促进学生的德性发展，这才是"教学的教育性"的本质所在。这就是美的课堂，学生喜欢的课堂，从而为学生的品德养成奠定最坚实的基础。

（二）美的管理是关键

改革开放之初，为了解决"三农"问题，国家领导人推进了"分田到户"的政策，把土地还给农民，使农民成为土地的主人，农民的自觉性、积极性就出来了，生产力得到充分的解放。学校、班级本来就是因为学生才有的，学生是学校、班级的主人。因此，只有把学生主人的角色"扶正"了，才符合生本教育"一切为了学生，高度尊重学生，全面依靠学生"的理念，学校班级的管理就变成学生自己的事，让学生进入孟子所说的"有恒产者有恒心"的境界。为此，学校应该大力推行生本管理，大胆放手，依靠学生开展四个层面的自主管理：学生通过公开竞选上岗，成立学生会，参与到学校各项管理工作之中，让学生在管理中学习管理，这样既能提升学生的道德水平，又能提升学生的管理组织能力。班级也是通过竞选成立班委会；实施"人人管理责任制"，设定班级公约，自理自律，既让每一个学生施展自己的才华，又磨炼自身的品格。建立四人合作学习小组，实施同伴管理。四人小组不但用于课堂的合作学习，还要广泛地用于学校内外的各种活动，设立组名、组徽和评比办法，让他们每天在合作中，学会尊重他人，与他人合作，帮助别人，增强与别人的沟通能力，培养学生友善、悦纳、合群、向上的品格。还要实行自我管理，每周写自省周记，让个人品德不断内化，深入心灵。通过一系列的以学生为主人的体验教育活动，既为学校、班级、学生正常教育教学秩序提供了有力的保证，又使学生得到锻炼实践和充分发展的机会，满足学生被尊重和自我完善的需求，每一个学生都获得了成功愉悦的体验；增强了自信心，培养了自主精神、责任意识，品格自然得到提升。

（三）美的课程是源泉

美国哈佛大学教授霍华德·加德纳的多元智能理论认为，每一个体的智能各具特点，都有不同的个性、爱好、特长。让不同的学生都有更多的机会学习和展示自己的爱好、特长，找到自己的闪光点，激活自己的创造力，增长自己的才干，不断享受成功的快乐，是学生感受学校的美、热爱学校、热爱学习的重要途径。同时，美育存在于学校的学科教育活动之中，音乐、美术固然是美育的重要途径，人文科学和自然科学都渗透着美育的重要元素，如自然科学的简洁、完整的科学美，人文科学严谨的逻辑之美、劳动生产的创造之美。因此，学校必须开设丰富的课程，搭建多样的平台。除了开齐、开足国家课程外，还应每年举办读书节、科技节、体育节、艺术节，以及德育的系列活动，如感恩教育、生命教育、礼仪教育、责任教育等。同时，要充分发掘学生和周边资源及学生的意愿开设各种社团，如足球、舞蹈、绘画、定向越野……

还要结合时令组织春秋游，开展研学行走活动。一个充满生机的校园，学生的学习天性得以激扬，如鱼得水，必将有力地促进学生茁壮成长，形成自信、高雅的品格。

（四）美的环境是保障

学校是学生学习生活的地方，完善的设施设备，优美而富有教育意义的校园环境是学生感受美、发现美、德泽人心的重要保证。

学生学习需要各种专用场室、仪器设备。高标准的场室和仪器设备既是教学的需要，又是提高教学质量、培养学生各种才能的有力保证。如果学校连足球场都没有，如何培养学生的足球运动兴趣和技能呢？

关于德治的记载，最早可以追溯到周代的《诗经》《尚书》。《诗经》的不少诗篇蕴含着前代圣贤以德治国的思想。《尚书》中提出了"敬天保民""以德配天"的命题。当今法治社会，传统的德治思想还有借鉴作用吗？作为道德与法治教师，在教育教学中，教师不但要授业，更要"传道"帮助学生树立正确的学习观、人生观和价值观，培养学生的大我观念和家国情怀。

"德"是指内心的情感或者信念，用于人伦，则指人的本性、品德。德育教育就是以培养学生的思想品德为目的的教育，是学校教育的重要组成部分。德育教育就是要培养学生要做个有"德"之人：对国家要讲"忠"；对父母要讲"孝"；对长辈要讲"恭"；对亲人要讲"爱"；对他人要讲"信"；要知道自己从哪里来，要到哪里去，怎样实现自己的人生价值。

习近平总书记指出："今天的学生就是未来实现中华民族伟大复兴中国梦的主力军，广大教师就是打造这支中华民族'梦之队'的筑梦人。"因此，作为道德与法治教师，在打造"主力军"时，应把立德树人作为教育的根本任务，通过德育教育，激发学生的理想，用道德引导学生的道德责任感。

但是，在以往的应试教育，唯分数论，升学率是衡量学校和教师的唯一指标。诚然应试教育使学生们能考出高分，但是应试教育毫无疑问对社会也有不利因素，比如扭曲的人生观，价值观，对国家缺乏认同感等。面对现实，冷静思考，毫无疑问，这是放松了德育教育的结果。因此，教师应充分发挥课堂教学的主渠道作用，将德育内容细化落实到学科课程的教学目标之中，融入渗透到教育教学全过程。

那么，在道德与法治课堂教学中，我们应该怎样坚持立德树人，以德为先，对学生进行德育教育呢？

四、以德为先，师德渗透

"学高为师，德高为范"。教师肩负着打造实现中华民族伟大复兴主力军和培养共产主义事业接班人的伟大历史使命。教师首先应该加强自身的修养，特别是德的修养。

教师是课堂的主体，是学生汲取知识的主要引导者。在多元思潮的社会环境里，一些教师的思想观念和教学行为受到了消极的影响。部分教师师德缺失和行为失范，缺少敬业精神，工作方法简单粗暴，工作态度马虎，对学生缺少耐心和包容。若一个老师在课堂上对学生轻则挖苦讽刺，重则辱骂体罚，这样的老师一定是没有师德的。一个没有师德的老师想在课堂渗透德育教育就像隔靴搔痒没有意义，所以老师必须有师德。今天的教育工作者，或多或少都受到了应试教育的影响，由于应试教育自身的劣根性，只注重了某方面的发展，忽略了全面发展；只注重了智育的培养，而放松了德育的教育。德育是塑造人灵魂的工程，实为完善人格之本，因此教师在道德素质上要立德、养德、扬德。因此加强教师道德修养，不仅关系到教师自身，更是加强和改进青少年思想道德建设的迫切需要。教育的本质是人的工作，从人到人，以人为本。人们常说："身教胜于言教"。"言为心之声，行为心之迹"。不难想象，一个自身道德品质修养不高的人，是难以讲出让学生信服的道理的；一个事业无所追求，作风懒散的教师，是不能培养出品学兼优的学生的。特别是中学教师，面对的是处于青春期和逆反期，身体和心智都不成熟，极富模仿力的青少年，他们看到自己的老师奔忙于个人私利，投机取巧，追求享乐，自然就耳濡目染，就必然失去正确学习观、人生观。这样的教师在学生面前所有的说教，再振振有词，头头是道，也只能是无济于事，徒劳无功。因此教师要给学生树立一个好的榜样作用，教师要本着对学生、对家长、对社会负责的态度去教育、呵护学生，用自己的良好行为准则，高尚的道德情操去温暖、感染他们。如果教师的日常行为能够对学生产生良好的指引作用，那这就是一种成功的师德渗透，也是一种成功的德育教育。

五、立德树人，树好学生

教师作为人类灵魂的工程师，要培养学生的道德品质，塑造学生的心灵。"少年强，则国强；少年富，则国富。"少年要担此重任，必须树其灵魂，使其心灵净化，心无旁骛。达到这一目的，不是一朝一夕的事，也不可能一蹴而就，它需要心与心的碰撞；它需要我们用炽热的心去化解一颗颗拒绝溶解的冰；它需要我们用爱心去打开学生的心锁。每一个教师都肩负着教书育人的双重任务。道德与法治教师更应增强意识，坚持学科教育与德育教育两手抓。明确学生是有思想有感情的活生生的人，而不是被动接受知识的机器，在向他们传授知识的同时，更需要向他们传授正确的人生观和价值观，使之有美好的心灵和崇高的追求。只有在有了正确思想的前提下，才会产生强大的动力，才会有坚强的意志，也才会在学识上取得巨大的成功。其实我们课堂教学，既是知识传授的主渠道，同时也是德育教育的主阵地。道德与法治、语文、历史课堂教学中，完全可以不失时机的结合教材内容，对学生进行爱国、爱家、爱社会、爱集体等诸多方面的德育教育，让学生热爱国家，健全人格，树立正确的人生观。数学、物理、化学等学科，可对学生进行爱科学，爱家园，爱人类，爱大自然，爱创新等教育。尤其是科学家们为了国家和民族奋斗的经历，执着的追求，爱国的情怀，崇高的人格魅力等，更是不可多得的生动的德育材料。

第五章　学校德润教育建设

第一节 德润教育与德育

在当前的教育研究与实践领域，德育问题可谓聚讼纷纭的焦点。就学校德育的可能性、功能、有效性等方面，学者们见仁见智，莫衷一是，不过众声喧哗之中，对学校德育的功利化、低效性、政治化等问题的解释似乎无明显的长进，这也在一定程度上制约了学校德育实践的合理展开。

学校德育实践的探索，有赖于与其有关的理论问题得以透析和省思。而任何严谨的学校德育理论，都势必囊括"道德的德育"的理论及由此进行学校德育的思路与进路。二者之间当务之急则在于对理论的廓清和建构。唯此，学校德育实践的开展才会有章可循、井然有序。否则，学校德育实践的拓进则很可能事倍功半甚或适得其反。

因此，深度地考察"道德的德育"，势必将裨益于学校德育理论的发展，进而也助益于学校德育实践的优化。以下，笔者将具体探寻"道德的德育"及其相关问题。

一、何以提出"道德的德育"

常言道：我们越是呼唤什么，我们就越是缺少什么，"道德的德育"自不例外。当前学界大力倡导"道德的德育"，如杜时忠教授提出"以道德的教育培养道德的人"，便是有鉴于实践境遇中不道德的德育大行其道。例如，在以往的德育中，教师们为了督促某些所谓的"后进生"遵守纪律、好好学习，便不惜施以训斥、苛责甚或体罚等不道德的手段，结果却往往是拜教师粗暴的管教方式所赐，后进生们非但不会认可教师"善意"的初衷，反而心生苦恼乃至怨恨，由此变本加厉地讨厌读书、桀骜不驯和挑战权威，而这势必会导致自身因为未学到必要的知识和技能，而最终从事没有技术含量或技术含量很低的体力劳动。

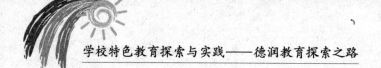

因此，教师"不道德的德育"方式在一定程度上激发了后进生们的叛逆心理，从而也间接促成了他们底层再生产的不堪命运。由此来看，不道德的德育对后进生们造成的危害不容小觑。不道德的德育还可能会对所谓的"优等生"造成一定的损害。也可以这样说，身处于不道德的德育环境中，没有人能够真正过得好。

在教师对优等生重视甚至偏爱而对后进生漠视甚至敌视的教育和德育环境中，受苦受难的不仅是后进生，优等生同样也难以独善其身，因为后进生往往或明或暗地嫉恨优等生，优等生就难免会感到不适，此其一。其二，人都会欲求一些美好而重要的东西，而要获取这些就要求我们栖身于特定的关系和境遇中，而这又前提性地要求外部的制度环境是公正和合理的。举例而言，我们都期冀和渴慕关怀、尊重，而这就要求我们身处于一种道德的关系中，比如说友爱。浸润于友爱的氛围中，我们方可感受到信任、平等、命运与共等价值的洗礼与恩惠。而我们欲收获蕴含这些价值的友爱关系，就必须先令自身成为有能力去经营友爱的人。而以优等生为例，要想培育出这种能力，就前提性地要求他所在的班级环境是平等和良善的。换言之，在一个教师以成绩论英雄、爱"优"厌"差"的教育环境中，每个学生都会不由自主地贬"差"尊"优"，同时视他人为竞争对手，因此之故，每个学生都挣扎于惶惑无措中（或是忌惮别人的赶超或是担心自己成绩的下滑），包括优等生在内的所有学生之间便很难建立真挚和深切的友爱共同体抑或命运共同体。

由上观之，置身于不道德的德育环境中，每个学生都会不同程度地受挫。就此而言，"不道德的德育"确是教育实践过程中有害于学生发展的严重问题。

二、何谓"道德的德育"

为了解决"不道德的德育"这一问题，首先，我们需理清和辨明"道德的德育"的内涵。一是从性质而言，"道德的德育"指德育的目标和手段都应是道德的。如前所述，教师们出于让学生好好学习的良好目的，便不惜采取训斥、苛责甚或体罚等不道德的手段。而前已述及，这种目标道德手段不道德的德育行为是不可取的。类似的，目标不道德手段也不道德的行为（这种情况较为普遍，如某些老师出于愤怒，对于部分所谓"差生"经常斥之以"笨蛋！""脑袋进水了"……）和目标不道德手段道德的行为（这种较为少见）也都是有害的。不过就复杂的现实情况而言，我们有时很难就某种德育行为作出目标和手段道德与否的清晰判断。比如，某老师为了突显小组合作意识，以六人为一组，把班级中学习困难、纪律涣散的学生分散到各个小组，制订了"四帮二"帮扶计划。平日里小组四名成员帮助其它两名帮扶学生制订学习计划，并经常检查计划实施情况。教师教学和学生学习还有班级各项活动都围绕着小组团队展开。就此例而言，该老师推行"小组合作制"的做法初衷（视优秀学生的学习天赋为共同资产，使学生们能够分担彼此的命运）当然是好的，在现实中很可能会促成某些后进生在小组成员的帮助下成绩取得进步，期末给予这些帮扶对象所在的小组嘉奖显然在情理之中；但现实中也可能会有某小组中的帮扶对象"冥顽不化"，在小组其他成员的多次耐心劝导下依然我行我素。在此情况下，在期末给予这个小组较差的评价显然就会导致小组内受到"顽固分子"牵连的大部分成员感到不公正。所以，我们就很难对"小组合作制"的做法给出道德与否的定论。

　　但是，如果假以时日，藉由"小组合作制"的实施，班上有越来越多的后进生成绩得到了改善，班级平等和相互尊重与关怀的氛围日益浓厚，我们就可以认定"小组合作制"的措施是道德的，这就牵扯出"道德的德育"的第二层内涵，即从效果而言，"道德的德育"应成就"道德进步"的状况。具体来讲，当某种德育活动引致"苦""乐"参半的效果时，我们当然不好对该项活动给出道德与否的清晰判断。但是，我们可以从更长的时段来评价此活动，如果受它影响的大多数人"从一个时间点到另一个时间点的历程，其终结点比出发点'更好'"，我们就可以认定此活动是道德的。也就是说，在长时段内达致"道德关怀的范围在扩大，受到道德考量的对象越来越多"的德育（活动）就是道德的。

三是从内容而言，"道德的德育"在目标层面应坚持公民立场。长期以来，关于学校德育的培养目标，存在着两种截然不同的观点。一种是培养社会主义事业的"建设者与接班人"，另一种是培养社会主义的"合格公民"。有鉴于平等主义的价值诉求、自我理解的个人化，以及生活理想与人生信念的多元化，是中国现代性发展中三种格外突出和难以逆转的趋势，那么培养更为契合平等主义、个人主义和多元主义的"合格公民"的目标也就显得更为合理。学校德育为了培养合格的公民，需要实施"狭义和广义的公民教育"。前者"旨在向学生传授关于政府体制、制度运作和公民角色的知识。这一教育主要是在课堂进行"。后者是要让学生认识到"民主是一种在运作中才能显示力量和合理性的政治文明"。由此，在学校中让学生掌握有关公民的知识的同时，还应该也必须"鼓励学生进行学生自治、接触社会、关心和参与社会事务"。

四是从手段层面，"道德的德育"还应持守成长立场、制度立场和合力立场。首先，"道德的德育"应基于学生的成长需要。就现实情况而言，当前学校道德教育功利化、知识化、外在化倾向突出，德育的内容和方法缺乏与学生成长需要的内在关联，这也在一定程度上造成了学校德育的低效。因此，我们有必要更新学校德育的手段，用符合学生成长需要的方式解决问题。高中的学生已经能够逐渐独立生活，有自己的思想和主见，甚至产生了逆反心理，学校德育就不能停留在口头教育，而是多采用"少灌输，多体验，少教条，多内省"的方法，让学生在体验过程中得到教育，而不是班主任的唠叨教育。例如要教育学生对父母有感恩之心，可以通过组织学生在班上表演情景剧，让学生扮演家长，体味做家长的艰辛；可以让学生计算从幼儿园到高中父母为自己花了多少钱，认识到父母为自己的付出，进而产生感恩之心；还可以通过让学生给父母写一封信，在信中慢慢思考父母为自己做了什么，自己应该为父母做点什么。学生通过不同的方式，得到了体验，得到了思考，才会产生认识，内省，这样的德育方式才是"润物无声"的德育。

其次，"道德的德育"应注重制度育德。具体而言，我们需要建构优良的学校制度。审视现行学校制度，我们可以发现它是强硬的、不平等的、病态的。因此，有必要依据优良学校制度的品质来改造学校制度，把制度变成一个富含教育意义的过程。比如，制定制度期间要充分反映和尊重学生的意愿与利益，不能仅仅把制度制定变成学校管理者的"独角戏"；执行制度时，在学生会、学生社团等学生已有组织的基础上，成立自治水平更高的学生组织，以期学生真正成为执行制度的主体；修正制度期间，则要杜绝管理主义和发展主义作风，大力贯彻促进学生自由而全面发展的宗旨。

最后，"道德的德育"应着力于学校内部德育要素的融合与社会——家庭——学校三位一体的高效德育场的建构。第一，我国以往学校德育存在着"教书"与"育人"相分离、德育工作部门化，以及课堂教学、校园文化、学校管理等各自为政的现象，这在一定程度上制约了学校德育实践的深入开展。鉴于此，华中师范大学道德教育研究所和部分试验学校开展了长期的合作，探索出一些较为有效、可资借鉴的学校内部德育要素融合与整体提升的手段方式，如"德性教育"试验（以"德性管理"为突破口的德育要素融合）、"求真教育"试验（以"求真课堂"为突破口的德育要素融合）等。第二，我国以往德育还存在着"5+2=0"（学生在学校被施以的五天正面教育，随即又被周末家庭和社会的负面影响所抵消）的问题。由此构建社会——家庭——学校三位一体的高效德育场，形成全方位、全天候的教育合力，任重而道远。基于此，华中师范大学道德教育研究所在武汉地区进行了高效德育场建构的实践探索。取得的主要经验是：政府需要出面从上位协调和统筹，整合各方力量和资源，进而推动家校社合作工作的开展；允许和鼓励相应的社会组织、团体（类似于美国的家长教师协会）成立并发展，进而逐步实现家校社合作的自主运行和自我管理；要发挥好班主任的重要作用，如武汉光谷在家校共建中总结出了班主任家访和家长会的宝贵经验，值得我们在今后推动以班主任为中介的家校合作工作中大力借鉴和推广；家庭要发挥积极性作用，如在武汉光谷由家长委员会组织的家长沙龙、家长讲坛等活动极大地丰富了家校合作的内容，有力地保障了儿童的健康发展。

三、"道德的德育"的提出对德育改革的影响

一方面，"道德的德育"的提出，有助于人们对学校德育相关前提性问题的辨析和判断，从而促进学校德育改革的合理展开。"道德的德育"是一个较为典型的前提性问题，以上笔者对该问题的探讨虽不深刻，但也足以显示此问题囊括了丰富的理论议题和辽阔的回旋空间。因此，我们需要下大力气去钻研"道德的德育"的必要性、内涵、类型、效果、内容等相关议题。否则，学校德育改革与实践难免就会陷入浅薄乃至错谬的深渊。因此，我们有必要强调德育改革领域"解释问题"之于"解决问题"的优先性（我们应当关心的不是如何解决问题，而是如何把问题解释清楚）。请注意，这里的优先绝非指"解释问题"高于"解决问题"，相反，优先性毋宁说是起码性和基础性。也就是说，我们在推行德育改革解决有关德育问题时，我们要首先考虑有关的理据、方略等是否合理、是否完善。如此，德育改革方能踏实行进。

另一方面，"道德的德育"的提出，还有助于德育改革领域营建"关怀学生苦痛"的共识。如前所论，在不道德的德育和教育环境下，每个学生都不同程度地经受着苦恼和哀痛。因此，学校德育改革就应该正视处于苦痛境遇的学生，并试图采取积极的措施，尽心地关注和尽力地减少大多数普通学生身上不必要的苦痛。

首先，明辨"受苦"就是不好的。我们对于教育理念的辨析应从生活出发，即对所有的教育或德育观念的解读和分析，均应从我们真真切切的生命体验和生活感受出发。而在我们的直觉经验中，活得痛苦就是不好的，牺牲快乐、个性甚或健康的学生发展是没有意义的；减少苦痛、活得幸福就是好的，身心健康、过得快乐的学生发展是值得提倡的。这些"直觉式"的道德信条，切实地影响着我们生活的质量，由此在考察德育活动或观点是否适切之时，这些信条应是引以为重的判断标准。

其次，我们应辨明"追责"的可能和必要。如果我们详细推究，可以

明确学生身上相当部分的受苦状况是他们无辜受难的结果。换言之，由于特殊的外部环境和人为因素等，他们过得困苦不堪。因此，为了让学生过得幸福安适，就理应追究相关方面的责任，进而改革之。

最后，增加对同情的理解。设想学生在受苦，"其实同时也就是在设想他是血肉之躯，受制于血肉的一切需求，也受制于血肉所带来的软弱、自私、恐惧、活下去的欲望以及因此必须从事的各种求活的策略。他的眼界有限、能力有限，德性更有限，因此他的策略也难免短视拙劣、捉襟见肘"。料及学生如此局促的窘境，我们对于学生的道德要求便理应更加慎重和适切。对于学生的苦痛，我们应该基于人性乃是脆弱的体认，给予他们同情的理解；而非因苦痛反映着受苦者的脆弱不堪，我们就可以认为当事者不够坚强和豁达，进而表达出对当事者的不屑，从而丧失了人之为人应有的基本道德情感，而这也悖逆于道德教育的一个重要旨趣——使人得以安身和安心。在此意义上，是否认可和践履"关怀学生苦痛"的理念可以成为区辨"道德的德育"和以道德为名的"伪德育"的试金石。

第二节　德润教育与课程

教育就是为了满足学生的需要和发展。贵港市高级中学建构了"厚德模块""润心模块"两大课程模块。在实现"一标，两块，六内容，九平台"的课程体系的有效开展下，将实现"培养阅读习惯，运动习惯，写一手端正的字，说一口流利的话，拥有悦己纳人的阳光心态"育人目标像雨水浸润小草一样在校园里自然流淌，为孩子的幸福人生打下坚实的基础。

一、阅读慧心课程：让阅读成为生活的习惯

阅读不能延长生命的长度，但是阅读能拓宽人生的厚度、宽度和温度。过去几年，贵港市高级中学从高一开始强抓学生阅读，在学生阅读方面打下了坚实的基础。在时间上保障：每天有 10 分钟在阅读，每天布置

阅读作业，每周有阅读课。物质保障：每个班都有读书柜，学校图书馆藏书丰富，经常更新，学生社团有"读书社"，开展漂书活动。评价保障：每个学期有"阅读之星"的评比。假期保障：每年寒假、暑假，学校根据教育部指定中学生课外阅读推荐书目，结合实际，布置假期阅读作业，向学生推荐阅读书目，要求学生假期进行阅读，并写读书笔记。开学由语文教师进行检查，组织开展阅读心得交流会。每学年开展书香家庭评选活动。现在中国学术界、教育界升温的名词，就是"阅读素养"。这引起了我们新的思考，什么是阅读素养？阅读素养不是简单的识不识字，会不会读书。它是从静态到动态，从技能到过程，从个体到环境全方位培养学生的阅读兴趣，加大阅读容量，知道科学的阅读方法。让学生阅读从量变到质变的过程。上海学生首次参加阅读素养为重点考察领域的国际学生评估项目（Program for International Student Assessment，简称 PISA 考试。）取得了优异的成绩，让世界再一次佩服中国，欣赏中国的新一代。我们相信一个孩子有阅读兴趣和习惯，掌握阅读技能，有海量的阅读，他们的阅读素养不会差。学生具有以阅读素养为主的核心素养比单单考高分一定能走得更远，走得更好。

二、以德健体课程：运动成为生活的习惯

有健康的身体，一切才有意义。锻炼学生体魄，贵港市高级中学在这方面长期坚持狠抓。跑操：跑操是学校一项传统运动，每个学生都要参加，每天跑 1 公里至 2 公里，通过跑操活动不仅锻炼身体，还增强学生意志力，增强班级凝聚力。大课间：每天 8：50-9：30 进行大课间活动，提倡拳术、跳绳、踢毽子、啦啦操等运动。社团活动：通过学生社团，组织学生开展体育运动，参加体育比赛。体育社团有羽毛球协会、排球协会、乒乓球协会、足球协会、跆拳道协会等，经常组织各项运动比赛，有班级比赛、学校之间的友谊赛，市里的各项比赛等。体育课：体育课正常开课是学生运动的保障。体育课高一年级重点是篮球课，高二是排球课，还有每个年级都开设的"运动与健康保健"课。选修课有乒乓球、羽毛球、游泳、武术、

裁判班等课程。体育比赛：每年学校都举行全校性的篮球、排球联赛。

三、以德雅言课程：说一口流利的话

有效的沟通必须植根于有效的表达，表达能力对于人的每一个发展阶段都很必要，所以我们开展课前一分钟讲话。让学生在集体中大胆，流利地表达自己。贵港市高级中学让每个孩子都自信起来，说一口流利的话。每天坚持课前 1 分钟讲话，并落到实处。有的能侃侃而谈，有的背一段文章，读一篇新闻，背几个数学公式，这个过程就是学生的成长和成功。自信表达，这是一种能力，也是一种良好的心理素质体现。

纵观美国、日本、苏联、中、英、法等各国教育，从世界性教育改革的兴起，了解越深，发现越多。教育是有共性的，从异向走向大同，一支独放不是春。课堂改革，微课堂，电子书包课堂，打造特色课程，教科研引领等等，做了很多很多，走了很远很远，却忘记为何出发，忘记了教育的本质是什么？是什么绑架了我们的教育？我们是否能静下心来，我们的教育究竟为什么？我们朴素的起点是培养学会认知，学会做事，学会共同生活，学会生存的人。像李镇西老师说的，我们的教育就是应该离开喧嚣，脱离繁华，回到朴素的起点，回到朴实的教育中，为了每个家庭的孩子，为了每个孩子的需要，为了每个孩子的发展而出发。

四、培养内外兼修的德雅教师

为进一步打造德雅教师团队，贵港市高级中学开展了"强师德，铸师魂，做德雅教师"系列活动。

在领导干部层面：学校领导干部带头任主课，做班主任，叫响"向我看齐"的口号。领导干部包级包学科，实施精细化教学管理，强化教学过程，夯实教学常规，精准跟踪弱势学科后进学生，实施周查月报和单元过关双达标。在教师层面：学校先后制定了《德雅教师礼仪规范》《师德师风规范》等，使教师明确"德雅"教育的内涵及具体要求，即塑雅容、行雅言、养雅德、树雅思、培雅趣。通过组织师德演讲比赛、班主任论坛、管

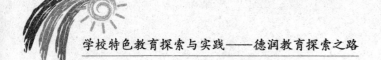

理论坛等活动，使教师提高师德修养。

为锤炼师能，提升教师的专业素质，我们多管齐下：

(一)"读好书"，打造书香型教师团队

学校为教师订购了大量的教育理论书籍，鼓励教师每年征订教育刊物，要求教师写读书笔记，参加读书沙龙，不断充实思想内涵。

(二)"写好字"，字如其人显德雅

"三笔一话"(钢笔字、毛笔字、粉笔字、普通话)是教师的基本技能之一，是教师从业的基本功。教师的字写得是否工整美观，普通话是否标准规范关系到学生的语言、文字水平。粉笔字写得好，板书工整，学生才能容易看得清，利于学生学习，优美的板书，更加吸引学生的注意力。学校要求教师写好字，写好板书，特别是语文教师。学校教师中也涌现出一批优秀的书法爱好者，校园翰墨飘香。

(三)"强培训"，开阔教师视野

通过加强教师网上远程研修、把专家名师请进校园、鼓励支持教师参加上级教育部门组织的各级培训等形式，让教师更新理念，增长见识，使教育教学实践更加科学化、现代化。外出参加培训的教师回来后，要根据培训内容对学校教师进行二次培训，真正做到一人培训，全校受益。仅2017年，贵港市高级中学就派出多名教师参加全国、自治区的教学研讨会。学校领导干部也先后到华东师大、广西师大等培训，把先进的教育理念带回学校。

(四)名师引领，打造梯队

学校成立有特级教师工作坊，积极开展名师论坛及课题研究，定期为教师上公开课、示范课，通过青蓝工程、师徒结对等方式，以点带面，带动教师群体共同进步。现已形成名师——骨干教师——年轻教师三个梯

队。读书写作已成为教师们的一种生活方式，教师在读写中变得越来越儒雅自信，专业素养也不断提高。近三年来，教师有50余篇论文在国家级、省级刊物上发表，出版专著两本。课题研究对提升教师专业素养、引领教师发展起着举足轻重的作用，教师开展课题研究活动，是提高理论素养、提升教育教学水平、改进职业生存方式的重要举措，也是积累教学经验、生成教学智慧的重要手段。学校加强管理督促学校课题的申报、开展、结题等工作的完成。例如完成《广西高中化学资源库建设》课题的研究，并有三本书的研究成果在全广西辐射共享；继续承担自治区十三五规划《互联网＋校本课程创新建设》的课题研究和《贵港高中贫困生筑梦班创新育人模式的实验与研究》的课题。

第三节　德润教育与文化建设

一、全方位德育文化建设

贵港市高级中学秉持"敢为人先，臻于至善"的精神，不断完善德润教育，以涵化的方式，汲取时代精神，给"德润教育"注入新的内涵，又以儒化的方式，构建立德树人的"德育场"。

（一）优化直接的道德教育

思想品德课程是学校直接的道德教育的主渠道，但"直接"未必有效。长期以来，德育以说教面孔出现，以灌输为主要形式，所谓"道德教育不道德"现象比比皆是。学校致力于品德课程教学的改革，关注主流价值观引导与学生参与体验、独立思考认同三者的融合，努力让学生在具体情境中，通过体验、反思，提高自己的德性修养。

（二）建设校本德育课程

学校利用校本德育资源，开发校本课程，拓宽了直接道德教育的空间。学校编写的校本教材，以家庭的亲情、班级的互助、社会的关爱为主线，以学校特有的德育主题实践活动为抓手，培养学生爱祖国、爱学习、爱劳动的朴素情感，引导学生恪守文明底线，弘扬传统美德，培养良好的行为习惯。德育校本课程的相关活动，又引导学生在认知启德的基础上，体验立德。

（三）加强德育渗透

"没有无教育的教学"，贵港市高级中学提出"科科有德育，课课有德育，时时有德育，处处有德育"。在各学科教学中，老师们把德育的重点放在挖掘教材的德育因素和教学方法的选择方面，发现德育点，认真分析研究，找出内在联系，采用恰当的教学方法，真正把"传道"寓于"授业""解惑"之中。学校基于校本特点，又推出仪式育德：通过入学礼、成长礼、毕业礼，从不同角度实现礼仪对人的精神层面、行为表现的规范，彰显以关注人的生命成长为内涵的学校文化特征。在环境改造过程中，学校努力让"每一面墙壁都在说话"，融入学校文化的元素，创造"润物细无声"的育人氛围。

（四）创新德育机制

贵港市高级中学坚持推行"德育导师制"，其理念贯穿全员、全科、全程。学校制订德育导师职责，开展"三个一"系列活动，即教育一名问题学生、设计一份教育方案、写好一个教育案例，有效促进导师制的发展。学校提出"携手弘德"的主张，构建学校、家庭、社会"三位一体"合力育人机制，建立家长委员会，成立家长学校，开发网站、博客、微信等公共平台，加强交流沟通，推进德育体系的形成。

二、对话型教学文化

贵港市高级中学推广"对话教学"，这成了课堂教学的靓丽名片。"对话教学"是指："对话教学是教学主体在人格平等、心理安全的教育环境下，通过互动交流，进行知识、信息、情感、技能和经验的交换，达到自我发展的教育形式。""对话教学"有"三新"：新的关系，因为在"人格平等、心理安全"情境中，汩汩流响的"意义之溪"(戴维·伯姆语)的参与和分享，"我与你"的主体间关系形成了，因为对话，情感上的联系也更亲切了；新的共识，"师生交流常常富有情趣和美感，时时激发出新意和遐想"(滕守尧语)，这正是对话的魅力；新的自我，对话也是"自我发展"，因为自我也只有在自我意识和他人意识的接壤处，在二者的对话中才能存在(巴赫金观点)。

(一)探索学科教学对话的特质

贵港市高级中学的老师们基于对"对话"理论较为准确的理解，以课堂为阵地，以课例研究为抓手，以课堂观察为支撑，努力建构"对话教学"的课堂模式，难能可贵的是，他们切入到各个学科，努力抵达学科本质，力求通过对话，使学科特征得到彰显。他们提出：语文学科对话体验，情智共生；数学学科对话思维，自主构建；英语学科对话情境，生动表达；心理学科对话生活，健全人格；音乐学科对话旋律，体验共鸣；美术学科对话色彩，美化心灵；生物学科对话探究，有效实践；体育学科对话运动，强身健体；信息学科对话，智慧探索；物理学科对话项目，创意制作；综合实践活动对话实践，开放生成。有些提法，也许还需推敲，但其努力的方向，是值得赞赏的。

(二)建构"对话教学"的基本策略

品德学科教学中的"对话教学"就是找准学生的认知冲突，用情感、知识、信息等课堂内的能量流，形成一个道德规范的共同体，从而使每个学生通过对话形成新的认知结构，达到"自觉"的教育目的。品德学科对话策略有：感知策略，让学生通过视觉、听觉、触觉感受事物，产生新的体验，改变原有的认知结构；交流策略，指人际、人与环境之间的对话，形成情感和信息的整合，产生双向互动的交流；辩论策略，在正论和反论的辨析之间，形成正确的道德情感和价值选择；反思策略，也称反省策略，指通过对话，突破原有思维习惯和定势，形成新的认知结构；模拟实践策略，在设计的特定学习场景中，进行角色模拟，推及其他学科，也大致提炼出体现学科特质的教学基本策略，使对话能够真正在全学科的课堂里落地生根。

第四节　德润教育与班级管理

德润工作摆在学校工作的首位，德润教育要回归生活世界、重在践行，但无论是何种德润模式，进行德润教育首要是要能够触动人的心灵，如何"过一种幸福完整的教育生活"，我们一直在不断思索、探究、行动。

品德与社会课程是一门以学生生活为基础、以学生良好品德的形成为核心、促进学生社会性发展的综合课程。在教学实践中，突出《品德与社会》德育的主渠道作用，实施"研究为本、德润心灵"的教学策略，扎实开展研究性学习活动。

一、合作学习学做人，实践之中育心德

综合性、实践性和开放性是《品德与社会》课程的基本性质，而帮助学生参与社会、学会做人是课程的核心。

(一)合作学习重内涵

"提高德育的实效性是课程的追求。"在教学中，本着务实发展的原则指导学生开展研究性学习活动。接下来，以小组为单位讨论分工研究事项。这项活动完全由学生自主安排。他们在组长的带领下，不仅明确了各自的研究目标，而且交流了研究的方法途径，以及在研究过程中如何加强信息沟通等。这一活动让学生懂得合作是做人的基础要素。

（二）研究学习自主化。

《品德与社会》研究学习的实践设计：根据分工制订个人研究计划——自主与合作探究——整理资料，深化认识——汇报学习成果。

这一系列活动过程，着重培养学生的探究实践与总结研究学习成果的能力。探究是一种特殊的学习和生活方式，学生立足自身生活体验、网络、书籍及本土资源优势，结合具体的生活环境，依托学习的内容，在近似于"游玩"的过程中体会、掌握并运用研究学习的方法获得研究收获的体验。

学生实践活动坚持自主研究与合作探究相结合。要让学生懂得：连接他们自主学习与合作探究活动的就是每个人的责任心。有了强烈的责任心，才能把每个人的力量凝聚在一起，获得研究学习的大成功。

二、展示成果再深化，增强文化自信心

展示研究成果，是学生深化对所研究专题的认识，体验研究成就感的过程。

（一）"三级"展示多体验

研究学习成果的展示分为个人、小组、班级三级进行。这样的学习活动有利于学生思维的相互启发，有利于发现问题和解决问题，更有利于学生体验活动成功的乐趣。让学生不断体验成功的乐趣，是充分发挥其主体性的重要保障，也是树立信心、保持研究兴趣的最好办法。

最后的成果展示以研究小组为单位进行。展示过程中，各小组采用多样化的展示方法：有的借助内容丰富、形式多样的 PPT 课件展示；有的将成果按文献资料、图像照片、实地调查、个人感受等进行归类，然后用文字、绘画、视频等形式展示。看后让人对本课的内容有了深刻全面的把握；有的将自己在研究中的收获及真实感受，用小品、情景表演、诗歌朗诵等不同的形式进行展示。

(二)《品德与社会》的研究性学习

通过一系列的研究学习成果展示活动，每个学生的社会、生活知识都会有所增长。心灵丰富了，自信心也不断增强。

研究性学习立足的是课程中的一个"点"，但通过合作学习，学生们获得的是《品德与社会》知识、思想的"世界"，活动锻炼了他们的合作探究能力，培养了思想品德，丰富了知识，获得了探索成功的自信体验。

美国诗人惠特曼曾经深情地说："有一个孩子每天向前走去，他看见最初的东西，他就变成了那东西，那东西也变成了他的一部分。"我《品德与社会》课程的研究性学习就是留给学生的弥足珍贵的"最初的东西"，是送给学生的最珍贵的礼物之一。这一课程的研究性学习，为学生提供了适合的教育，促进了学生心灵的健康成长！

三、高度重视，讨论成立班级管理机构

作为班主任，一定要高度重视班级管理工作，从思想上、认识上、行动上都要重视。要建立健全班级管理机构，选好班长、副班长、学习委员、生活委员、卫生委员、文体委员、劳动委员等班干部；甚至各个小组长、各学科科代表也要选好。要选班上负责任、有威信、有担当、敢说敢管的同学当班干部，要选品德优秀、学习较好的同学当班干部。让班干部成为我们班主任的得力助手，依靠他们协助我们管理好班级。

四、整章建制，建立健全班级管理制度

没有规矩，不成方圆。任何管理机构的运行，必须要有较为完善的管理制度作支撑。班主任要讨论制定适合本班学生的管理制度，利用制度管人管事。比如：可规定值日生一次卫生不打扫，可处罚打扫一天或两天卫生；学生买吃垃圾零食一次或乱丢果皮纸屑者，可处罚拖地板或抹桌子一天。对于学生主动擦黑板、捡拾垃圾、拾金不昧、做好人好事，可加记适当的德育积分；也可记录积累，争章达标，给予奖励。让制度培养学生良

好的行为习惯。

班级是一个小集体，教室是一个小环境，班主任要努力营造良好的班级文化氛围。要布置好教室，要建立图书角、卫生角、学习园地等；要将学校下发的各种表册有计划地贴在教室专栏内。

五、开好班会，传达落实教育主题目标

班级教育管理，重在任务和目标的传达落实。班主任要主持开好每周一次的主题班会和每天早操之后的简短晨会。主题班会要有班会记录和具体议程。在落实本周班会教育主题目标的同时，要总结上周的工作表现，肯定表扬好的方面，批评指出存在的问题，并强调整改问题的措施和时限；重点要传达安排本周学校要求做的工作，注意的事项和具体的任务分工。使学校或上级的安排任务下达到班级，落实到学生。

六、抓好细节，注意搞好各项教育活动

班级工作，就是抓好一日常规，就是搞好各类教育活动。班级管理，主要抓了以下几个方面的细节工作。

(一) 学生到教室

强调学生按时起床，按时到教室，不能迟到；要求学生按时吃早餐，早餐一定要在食堂吃，不允零食到教室。每天早读和午读，教师应当至少提前二十分钟到学校，在教室门口迎接学生，检查督促学生到教室，防止学生到教室后不学习，相互吵闹或打架。

(二) 学生早操

强调学生早操要排好队走整齐，不说话不拥挤，跟节奏匀速度，动作规范。班主任要始终跟在学生旁边督促学生，和学生一起参加活动，以身示范，言传身教。

(三) 课间操和眼保健操

强调学生课间操集合要迅速，走路不猛跑，站队要整齐，动作要到位；眼保健操要听节奏闭眼睛，专心按节拍做。教师要检查督促，确保做操质量。

(四) 课外活动和大课间活动

参加书法、绘画、声乐、器乐、围棋、乒乓球等兴趣小组的同学，由各小组长负责领到各活动地点，由各相关老师组织学习活动。将兴趣活动成果，期末展示给全班同学，培养个性特长，激发学习兴趣。

图书角的图书可以向学校图书馆借一些，可以动员班上学生把自己看过的图书拿几本，在班上登记，让没有读过的同学借阅。班主任可以给领图书的同学加上适当的德育积分，予以奖励。图书借阅要有专人登记造册，防止图书丢失。

(五) 处理好各种关系

班主任既是教育者，又是勤务员，也像个"管家婆"，大事小事都要处理。比如：班主任要处理好班级与班级的关系，处理好学生与学生的关系，处理好学生与家长的关系，更要处理好家长与学校、与教师的关系；又要操心教室的大门和窗户关锁了没有，电灯和水龙头是否关闭等等。事无巨细，都要经手。所以，班主任必须要有爱心、耐心和信心。有爱心才能教育人，有耐心和信心才能育成人。班级管理，就是热爱学生，平等地看待班上的每一个学生，公道的处理班上的每一件事情；用耐心抚摸每一个好动不羁的心灵，用信心鼓励每一个不相信自己的学生。长此以往，循循善诱；德润心灵，抚育成长。

第六章　德润教育实践案例采撷

第一节 德润文光：打造理想的精神家园
——江苏省苏州市平江实验学校

　　江苏省苏州市平江实验学校历经沧桑，沐浴风雨，有着悠久的历史。学校文化底蕴深厚，校内有静谧神圣的五百年古殿，18棵百年银杏古树，三块印刻历史足迹的石碑，处处透着古朴、庄重、大气。古殿横匾上"德润文光"四字是江苏省苏州市平江实验学校办学渊源之见证，也是一代又一代平江人美好而温馨的文化记忆。一条绵延悠长而充满无限生机的大路，不断向远方延伸……

一、精神丰碑

　　江苏省苏州市平江实验学校校园里一排排粗壮的老银杏树，广场上矗立的苏州古城三座古庙之一大成殿，都让人感受到一股古朴的气息。如今，大成殿牌匾上所题"德润文光"已成了学校的校训。平江人根据学校的历史与现状，遵循学校文化建设的原则，注重培育和践行以"德润文光"为理念的核心价值文化：立德树人，德才并美，德艺双馨。学校在传统文化之本的基础上，创新发展，用中华优秀传统文化去熏陶感化师生，以形成师生崇高的理想、高尚的品质、儒雅的气质、独特的风格和卓越的个性，实现"以文化创特色，以质量树品牌"的新跨越，让"德润文光"核心价值观成为全面育人的辐射源、素质教育的能量库、润物无声的教科书。

　　平江实验学校的历史可追溯到南宋咸淳元年（1265年）设立的长洲县学，到明代嘉靖二十年（1541年），长洲县学迁至今平江实验学校所在，并修建学舍、考棚，其规模仅次于苏州府学。至清雍正年间，县学更名为长洲元和县学（简称长元县学）。1905年，江苏巡抚陆元鼎请来了地方名士章钰，将县学西半部改办为"官立初等小学堂第五校"，第二年再将县学东半部改办为"官立初等小学堂第十三校"，以传承原来的县学。直至建国前夕，学校名称时有更迭，然而教育之溪流却始终在这片土地上绵延不绝。1958年学校定名为苏州市平江区实验小学。1998年，平江实验小学与苏州市第十一中学这两所文脉相通、一墙之隔的学校破墙合并，成立了苏州第一所公办九年一贯制实验学校，定名为苏州平江实验学校。至此，数百年教育历史在这里交汇，这片文脉绵延的土地奏响了新时代的教育乐章。百年名校名人辈出，古代从这里走出去的状元有陆元文、韩菼、彭定求、陆肯堂、钱棨、吴廷琛、陆润庠。中国著名哲学家、近代史专家胡绳小时候也在此学校读书。平江实验学校百年文脉之中形成了一种适应历史发展的自强不息的基因，一种吸纳新思想、新文化的基因。百年文脉滋养平江师生，成就学校文化。"德润"，德行润泽，指每个人在自己的言行中，自觉地以道德价值约束自己，润泽自己。"德润文光"就像一块渗透情感、润物无声的丰碑，百年静默，却净化着每个平江人的心灵。

"德润文光"营造了学校良好的氛围，倡导把爱心献给社会，忠心献给祖国，关心献给他人，孝心献给父母，信心留给自己。平江实验学校以师生为主体，以建设优良的校风、教风、学风为核心，以丰富多彩、积极向上的学校文化活动为载体，以绿色、人文、和谐为重点创建学校文化，继承传统，丰富内涵，扩大外延。校风"正道立达"，教风"立人达人"，学风"己立己达"，体现了学校精致而质朴的教学境界，稳重而含蓄的教育品性，睿智而坚韧的教育气质。

二、无声诗篇

校园环境文化是学校文化的重要组成部分，是学校办学理念、教育思想、管理思想物化后的形象体现，是学校育人的有效载体。苏霍姆林斯基说过："教育应当使每一堵墙都说话。"平江实验学校的校园环境以特色育人为导向，以服务学校发展为中心，以提升文化品位为重点，体现人与自然、科技与人文、传统与现代、经典时尚与现代多元的和谐统一，发挥着

"润物细无声"的育人作用。学校将"德润文光"的校训物化于环境建设之中，为学生对话开辟宽阔通道，赋予校园生活丰富的生命力，打造具有平江特色的环境文化。

构建精神坐标。学校坐落于历史悠久的平江路畔，粉墙黛瓦与老街建筑浑然一体，校园生态与大成古殿相得益彰，整个校园飘溢着"智巧""素雅""灵动"的苏州文化元素。学校根植于"天人合一"的沃土之中，物、景、人三位一体，怡情启智。校园内18棵亭亭如盖的古老银杏，青翠挺拔的香樟树，承载了太多中华民族优良的传统美德：刚健有为，自强不息，海纳百川，尊师重教，宽容坚韧，厚德载物……平江人挖掘内涵，以"银杏精神""香樟品质"架构师生精神坐标。

搭建才艺展示舞台。学校鼓励师生共同参与文化建设，激发无穷的积极性和潜在能量，教育效果事半功倍。学校各幢教学楼风格凸显，主题迥异：有的是"小画笔，小世界"，展示涂鸦作品，展现学生才艺；有的是"亲近自然，了解民俗"，展现如画风景，展示风土人情；有的是"瞻仰名人，聆听教诲"，展现先贤风采，表达学习决心。教室内外开辟各类版块，上面闪耀着不同的名字——"我们的班级""我们的誓言""班主任寄语""我们的特色"。学校还在网上征集师生建议，启动"声情并茂"四大主题乐园、"大成校史馆""平江书院"的建设工程以及第二代"银杏娃"命名征询意见活动，真是小舞台，大境界！

渲染名人效应。在平江实验学校师生的眼里，一砖一石均有意，一草一木皆含情。学校精选校史记载中的杰出名人，在校园内打造十大名人塑像、足迹景点，让师生在无声的环境中受到影响。这样的怀想空间的创设，既是对学校文化的自然传承，亦是对师生怀旧情感的慰藉。

马克思说过："人创造环境，同样，环境也创造人。"如今，平江实验学校的师生浸润于优雅的校园环境，感受着校园环境博大的胸襟，体验着校园文化带来的无穷魅力。

三、学习乐园

作为苏州市姑苏区的一所窗口学校，平江人在素质教育的浪潮中奋力搏击着，在学生教育的园地里辛勤耕耘着。为了平江的每一位学生都能成人、成才，平江人甘做铺路石，精心筑就学生的成功之路。"德润于心，追求大成"，在平江实验学校这座幸福校园和精神家园里，每一朵生命之花正绽放出各自独特的美。

(一) 对话理念——与时俱进

学校重视科研兴校，校长亲自抓科研队伍，以《对话，品德教育的范式》课题为引领，在全校开展对话教学。各学科教师努力完善自我，发扬合作精神，实践本学科对话教学模式。通过学习理论、观摩课堂教学，明确不同学科对话教学的特点，明确不同学生在对话教学中存在的差异，设计最优化的对话教学模式，组织有效的对话教学。如今，对话理念深入人心，对话实践全面推开，厚厚的对话教学论文集记录下了平江教师的心血与汗水。

(二) 对话师生——民主平等

对话教学的基础是师生民主平等。学生对"善于理解、尊重学生"的教师认可度极高。只有民主平等的关系，才能实现学生充分参与互动。平江教师在对话教学中正确扮演了自己的角色——顾问、伙伴、朋友。在平江实验学校的课堂上，教师努力创设热烈的氛围，及时指导和调节，让学生在愉快的学习中更具主观能动性。学生经常听到的是"你觉得""老师能不能""你比老师有创意，向你学习"之类的教学语言，教师在对话教学中展现出的交往技巧正潜移默化地影响着学生。

(三) 对话课堂——自主探索

平江实验学校的对话教学研究努力实践着在课堂上培养学生自主、探索、合作能力的教学方式。潘娜校长执教的《我们共同的家》，将祖国这个大家庭搬进了教室，输入了电脑，让学生小组合作，交流讨论，互相补充，在轻松自然的对话中将看到的、听到的、感受到的祖国大家庭说给同学听。在这样的课堂氛围中，学生学会了探究、合作，品尝到了喜悦。

（四）对话成效——彰显特色

平江实验学校的对话教学研究顺应了时代对教育的要求，顺应了时代对人才的要求，扎实而有效。在对话教学的研究实践活动中，教师搜集新理念，学习新经验，写教学后记、教育随笔，进行案例分析，比谁的对话教学理念新，比谁的对话教学技巧好，比谁的对话教学感悟深，逐步形成各具特色的教学风格。语文学科"基于学情，有效对话"，数学学科"思维对话，以学定教"，英语学科"情境对话，文本再构"，品德学科"对话教育，教学范式"，音乐学科"对话旋律，陶冶情操"，美术学科"对话艺术，提升素养"，科学学科"对话协作，探求真知"，体育学科"对话基训，普及提高"，信息学科"对话技术，提升素养"，劳技学科"对话创意，灵动教学"，综合实践学科"对话实践，以生为本"。

平江实验学校的录播教室内，校长潘娜正与学生上思品课《我们共同的家》。教师的循循善诱、学生的精彩对话不时博得听课教师的阵阵掌声……这是"对话教学，优效课堂"展示活动的一个场景。这样的场景，不时地通过电视、报纸、网站等媒介展现在人们眼前。课堂是师生共同体验、共同成长的场所，也是学校文化独特的呈现地与创生地。"德润文光"的课堂教学强调学科、人、环境的整体和谐之美。师生是课堂的主体，也是优效课堂的构成者、享受者。平江实验学校自2011年起，着力构建"对话"校本研修模式。研究团队从学术水平、技能水平、年龄差异三个维度进行构建，同时聘请专家担任导师，行政发挥协调引领作用。团队倡导交流合作，追求平等对话，以充满情感、展示个性、平等对话的课程设置和课堂理念，使师生文化交融共生，整体融通，从而培养德智兼备的人才。

四、成长摇篮

为人师者必先立德。学校重视教师文化建设，大力强化"德润文光"理念。建立德育导师机制，增强教师育人意识，搭设广阔学习平台，注重教师分层培养，让教师在提升内在修养的同时，把一颗仁厚之心献给学生，把一片关怀之情洒向学生。

"欲穷千里目，更上一层楼。"学校帮助每位教师制定个人发展规划，要求人人有特色，个个有风格。倡导教师要有职业成就感，有实现自身生命价值的追求。加强教研组建设，推行跨年段的教学交流制度，打造学习型组织。发挥校内名优教师的榜样力量，以名师为核心，骨干教师广泛参与，整体抱团发展，从而尽快培养名教师、特级教师等领衔人物，并带动青年教师迅速发展，在育人的同时育己，在成事中成人，在焕发学生生命活力的同时焕发教师自己的生命激情与活力，使教师享受职业尊严与幸福。

"随风潜入夜，润物细无声。"学校提出"精神统领、文化引领、名师带领"的做法，向全校教师发出"做儒雅型教师，享高品位生活"的倡议，在此基础上提炼出具有平江特色的教师"十大精神"，通过长期不断地强化认知和感悟体会，把十种精神植入教师灵魂。而在"德润文光"理念下设计的教育仪式活动更是经典，富有感染力和影响力，在师生心中烙下美好而难忘的记忆。每一次活动都有鲜明的教育主题，包括"一年级启蒙入学礼""三年级启智成长礼""六年级起航毕业礼"，还有"爱心承诺仪式""爱祖国爱苏州践行仪式""校荣我荣校庆仪式"等，让师生在活动中受到潜移默化的道德熏陶，提高道德修养。

五、艺体共舞

艺体教育教学在平江实验学校的教育中占据重要位置。平江实验学校深知艺体教育对文化教育的促进作用，深知艺体教育为每一个孩子的终身发展奠基的价值所在。在艺体教育的改革中，贵港市高级中学继承历史，把握时代脉搏，高定位地实施艺体教育教学，重视通过艺体教育唤起孩子的乐趣与感动，唤起孩子的童心与责任，还孩子一个充满阳光和色彩的童年。

"一朵花"——绽放艺术教育奇葩。早在 2009 年，苏州市首个未成年人艺术素质教育基地——"小荷"实验艺术团落户平江实验学校。其文化课程和艺术课程并行的双轨制培养模式不仅在苏州，乃至在全国也是首例。如今，"小荷"实验艺术团已创办多年。艺术团的每个孩子在自由中成长，追求自己的梦想。

学校通过苏州市未成年人艺术素质教育基地"小荷"实验艺术团的办学，积极探索文化和艺术双轨制培养模式。创新课程设置，丰富选修课程内容，拓宽艺术门类，将艺术基地培养目标设置为"三三三三"培养工程，即："审美、鉴赏、创新三种能力""儒雅、坚强、自信三种气质""音乐、美术、人文三种技能""文化、艺术、品德三种修养"。未成年人艺术素质教育基地的学生小学毕业时能获得六项证书，即少儿声乐证书、少儿舞蹈证书、围棋（或国际象棋）证书、竖笛证书、书法（或绘画）证书、器乐选修证书。学校努力打造"精品节目"和"精品人才"，着力将"小荷"实验艺术团打造成一支代表苏州水平、展示苏州少年儿童艺术风采的艺术团队。

同时，学校每学期都聘请艺术专家为艺术班的孩子量身打造未来发展规划，充分挖掘每个孩子的特长，因材施教，让每个孩子都走向成功。多年来，从艺术班里走出了一批耀眼的"未来之星"：有获得中国少儿模特全国总冠军的陈文淇同学，有获得第十八届中国少儿戏曲"小梅花奖"金奖的李静阳同学，有获得第五届全国青少年艺术节总评选银奖、全国"优秀艺术人才"奖章和第七届德艺双馨江苏选区舞蹈类金奖的刘远霆同学，有获得 2013 年江苏省少儿文明礼仪之星优秀表现奖的曹祎纯同学……在学校文化课程和艺术课程并行的双轨制培养模式下，艺术团的孩子们不仅文化课程学得扎实，在艺术课程的学习中更是新苗竞挺，崭露头角。

"一个球"——做强体育传统项目。从 2007 年与苏州市儿童体校联办小学生羽毛球队开始，平江实验学校的羽毛球项目不断发展，茁壮成长：

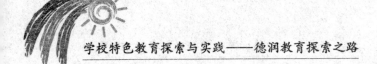

2008年，学校成为中国羽协羽毛球学校；2009年，学校被评为江苏省羽毛球传统学校；2010年，学校成立苏州市"银杏娃"青少年体育俱乐部；2011年，学校被评为江苏省羽毛球传统项目学校。学校看准了羽毛球运动在平江实验学校的深厚基础，以羽毛球特色为依托，以完善课程体系为手段，以学生素质提高为目的，开展羽毛球运动校本课程建设，为传统的羽毛球运动注入新的生命力和时代感。

学校树立"健康第一"的指导思想，提出了"人人会打羽毛球，人人都懂羽毛球，人人会说羽毛球，竞技有水平，普遍有基础"的目标，努力创出"提高与普及并举，特长与特色共赢"的新局面，积极营造学校羽毛球文化氛围。学校组织教师缜密讨论、多方求证，精心编写了一到六年级的羽毛球校本教材。全校一到六年级，每周每班体育课中抽出一节，由专职教师教打羽毛球，在面上进行普及和推广。学校经过多年的实践摸索，创编了一套羽毛球操，将羽毛球基本动作化入操式，并配上节奏鲜明的音乐，学生通过学羽毛球操对羽毛球运动产生更加浓厚的兴趣。学校开展以羽毛球为主的体育文化活动，丰富学生的校园生活。学校还在羽毛球的内涵上做文章，提炼羽毛球精神，制定德育分层目标，开展爱国主义、集体主义教育，培养学生团结合作、自信自立、勤奋拼搏的精神。在羽毛球传统项目的带动下，学校体育工作取得了长足的发展。学校先后被评为国家级青少年体育俱乐部、江苏省体育传统项目学校、苏州市体育传统项目学校、苏州市青少年体育工作先进集体。近年来，学校向高等院校运动队和各级体育训练单位、体校输送了大量体育后备人才。

平江实验学校的对话教学研究，有特色，有魅力，有研究，有进步，有创新，有良师。在"德润文光"的引领下，学校树立适切的素质目标，培养德智兼备的人才，积极构建完善的有利于学生全面发展的课程体系，努力体现学校文化的传承与提升，追求"让每一个学生得到与其个性相适应的最大发展"的课程理想；构建可供学生选择的学校课程系统，让学生在课程中体验成长的快乐；努力创设"以智激智，智智相融"的师生共演绎、同精彩的课程文化，营造"以美引美，美美与共"的课程氛围。学校编写校本德育教材《德润·大成》嵌入到国家课程、地方课程和校本课程三位一体的整体设计之中；"小荷"实验艺术团尝试艺术教育课程化、课堂化双重渗透；建立羽毛球课、操、校本教材的课程化落实机制；改革、创新德育评价方式，设计《银杏娃自评手册》。一座学习的乐园已呈现在学生面前。

第二节　德润家校，智慧育人——广东省中山市小榄镇德星小学家校合力助推德育

本着"以人为本"的教育理念，广东省中山市小榄镇德星小学自 2012 年起尝试以"德润家校，智慧育人"的研究与实践，并在 2014 年申请立项为广东省德育课题，2015 年获广东省创新成果奖。学校坚持以中华优秀传统文化精华和道德精髓为抓手，以"学经典——明道——提要求——重践行"为校本培训，以践行明德修身为目标，通过"育人、育心、育艺"等途径，大力弘扬社会主义核心价值观，努力提高教师和家长的思想道德水平，使家校合力，共同探索出一条家校携手育人之道，取得了较好成效。

一、建立健全家校合作架构

为确保家校教育合作的工作稳步、有序开展，学校要建立由校长牵头，并由德育处、部分优秀班主任、教育专家组成的家校教育发展工作领导小组，依靠工作网络，推动家校合作常规工作的组织与实施。

二、开发《立德》校本课程

根据学生及其家长的实际情况，德星小学开发了传统美德校本课程，并按照"学经典——明道理——提要求——重践行"的思想，挖掘我国传统美德中的"忠、孝、礼、勤、俭、让、仁、诚"等内容，吐故纳新，结

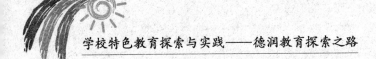

合时代要求，编写了《立德》的校本教材。

活动之间相融合——在活动过程中体现"1+N"的融合。运用绘本教学的"1+N"模式，在教学方案设计过程中要使两个部分自然融合在一起，很自然地再现读本的内容，又能对新领域的目标有所达成与落实，如何将两部分很自然地融合在一起是我们实践中不断在探究的问题。

三、拓展家校育人平台

德星小学成立了"三堂"育人平台，详细制订培训计划和操作流程，确定每一阶段的培训主题和课程，保证培训的规范性、创新性和有效性。

(一)"乐教学堂"，让教师践行爱的教育

父母需要老师引导，学生需要老师培养。教师是主导，名师出高徒。教风培养学风，乐教培养乐学。教师的价值观念、德行修养、心态情绪，一言一行，都直接影响着学生的品格与成长。为此，德星小学开设了教师"乐教学堂"，通过专家报告、课题研究、工作论坛、经验交流、专业能力大赛等形式，确立教师教书育人的信念：教育的本质是爱，爱的教育是育人，育人以德育为先，德育从孝敬入手，孝敬培育爱心。提升德育队伍的专业能力和研究能力，强化德育队伍的职业精神和创新意识。

(二)"父母学堂"，让父母学会育人智慧

"要教育好学生，先要教育好家长"。德星小学开设了"父母学堂"，通过聘请教育专家、教师、教子模范等教育专业人士给家长进行培训。培训的基本内容从关心孩子身体、关心孩子心理、提供良好的家庭环境、做孩子的榜样、支持学校工作五方面入手。根据不同的培训内容，"父母学堂"采取授课、对话、经验交流、网上讨论等不同教学的形式。此外，学校还通过家校互动短信平台、家校联系手册、家长开放日、家访等最直接最有效最富有人情味的教师与家长沟通的方式，向家长们宣传最新的教育观念、教育方法，增强家长的育人能力，促进学生健康成长。

(三)"感恩学堂",让孩子知孝敬懂责任

为了拓展教育思路,实施"以爱育爱"的目标,德星小学成立了"感恩学堂",以感恩教育、责任教育、环保教育、礼仪教育、爱心教育为主线,以亲子共同参与活动体验为主要形式,组织策划丰富多彩的校园活动、社会服务实践活动,让各种"以爱育爱"活动达到润物无声的效果,让孩子们在社会、学校、家庭的共同参与下,学会关爱,学会感恩,学会奉献。

四、加强科研课题研究的引领

以教育科研引领学校家庭教育工作,已经成为德星小学教职工的普遍共识。几年来,学校以《"德润家校,智慧育人"的研究与实践》作为家庭教育指导工作的切入点,展开科研课题研究,收到了良好的成效,提升了学校的教育品质。

(1)通过研究,可以进一步深化学校的办学特色,让小学生传承优秀的传统美德,促进良好行为习惯的养成。

(2)通过研究,可以帮助教师树立现代教育思想,转变育人观念,改变育人方法,增强对教育事业的成就感和幸福感,并在研究实践中,实现教师的发展。

(3)通过研究,可以让学生理解长辈工作的艰辛,体会父母的养育之恩,能主动关心体贴长辈,和父母长辈分享自己的快乐,养成自理习惯,培养学生真诚待人。

(4)通过研究,可以让家长感悟到教育孩子的目标就是培养良好的道德规范。教育的方法就是正己化人,身教重于言教。教育的内容增加了中华孝道和《弟子规》。

(5)在研究过程中,可以总结广东省中山市小榄镇德星小学前一阶段积累的优秀教育经验。

五、"德润家校、智慧育人"的效果

德润教师通过"乐教学堂"的培训，德星小学教师的育人观念发生了重大转变。"育人先育己，观念必先行"，教师们已放下师道尊严的"架子"，与学生们共同学习经典文化，发扬"立德修身""立德树人"的教育理念，增强服务意识，发挥服务功能，自觉地履行好教书育人的职责，更好地肩负起为人师表的重任。

德润学生从课题立项至今，德星小学学生开始从经典中明晓道理，并注重"德、行、言"的修炼。比如：班内同学病了，会主动问候；见人遇困难了，会主动帮助；过年过节了，懂感恩；得到别人帮助了，会言谢；受到批评惩罚了，会反思；和别人相处，会尊重；等等。"三立精神，立德为先"的理念，逐渐在德星学子心中生根发芽。

德润班级"德"味浓厚。每个班级根据课题组开设的各项活动，相应地在班级落实执行，开展班级文化建设。班歌、班徽、班规制订与创作，利用这些来引导学生爱集体的观念，增强班级的荣誉感。班级的黑板报是实施德育的一个平台，在每期的黑板报上都有德育文化专栏，定期开展"我爱我班""我爱学校"等主题的黑板报评比。班级管理轮流负责，调动每个学生的积极性，对班级的日常管理进行记载，增强班级学生的主人意识。改进升旗仪式，升旗仪式实行班级轮流制，提前一周拟定方案，经审核后执行，国旗下讲话内容以德育为主线，培养学生"爱学校、爱家庭、爱社会"的责任意识。

校本课程的主要内容为：忠、孝、礼、勤、俭、让、仁、诚等传统美德故事、四书五经中的经典名言警句、"三立"精神、书法和古诗文等。校本课程的结构：以"学经典——明道理——提要求——重践行"为途径，一般有"读一读，讲一讲，想一想，说一说，做一做，评一评"等形式。校本课程的使用：《立德》教材利用"地方与学校课程"进行；古诗文利用每周两个早读诵读，两个午习时间进行抄写；书法课每周一节，全校铺开。校本课程的延伸：结合学校实际，根据"立德、立行、立言"编排了 10 个教学单元，包括"校园篇""美德篇""礼仪篇""生活篇""学习篇""活动篇""诚信篇""安全篇""环保篇""家庭篇"，以此作为校本课程的延伸。

德润校园踏入德星小学校园，大型宣传海报"卓雅德星、三立树人、科艺见长""三立校训""社会主义核心价值观""三立展厅""三乐广场""低碳长廊""梦想长廊"等逐一展开；让全体师生感到校园的每一面墙、每一条路、每一块草坪甚至每一棵植物都会说话，"无声润物三春雨，有心护花二月风"，充分发挥了环境育人的功效。

德润活动德育贯穿于德星小学各个教育活动之中，"红色教育""民族精神""孝文化"等，都将育人理念寓于其中。德星小学已经形成的特色活动主要体现在以下三个方面：

(一) 新生培训亲子活动，感受学校"三立"文化

每学年一年级新生入学，德星小学通过家长会、亲子共读、亲子活动等形式，把"德"的内涵和要求，对家长和学生进行讲解，让他们了解何为道德、公德和美德，宣扬德星小学"立德、立行、立言"的德育本质。在培训活动结束后，家长们纷纷表示上了一堂人生的哲理课，纠正了多年的育儿观念。

(二) 开学典礼、结业典礼渗透"感恩教育"

德星小学结合德育，在每学期的开学典礼和结业典礼上，培养学生爱校感恩之情。家长寄语、老师寄语、校长寄语，学生放飞心声，班级展板展示班级风貌，"习主席寄语"歌曲荡人心肠，催人奋进。典礼上的节目多以学生和家长活动为主，让师生、家长感悟德育的内涵。

(三)"三节"活动体现家校一心

每年的科普节、艺术节、读书节的开展，是家校互动最直接的体现。家校工作坊的家长们全员参与，积极发动义工家长协助活动的筹备、组织和后勤工作，全员展示体现了德星人齐心协力的品质。各班精心组织，

认真策划，积极训练，力争使自己班级在活动上得到最好的展示。"爱班级""爱学校""爱祖国"的创意比比皆是。活动开展的整个过程中，师生、家长分工合作，活动流程井然有序，学生们互助互让，热情待人，大家都为学校活动的顺利开展出力，沉浸在浓浓的家的情感之中。

通过"德润家校，智慧育人"的研究与实践，学校的育人系统得以形成，制度得到落实，教师、学生、家长受到完整而丰富的德育滋润，拓宽了丰富的德育资源，得到了社会各界的好评，增强了学校的德育实效，提升了学校的德育特色，转变了老师的教育理念。笔者认为，家校合作的开展，让家庭、让学校、让社会更加充满了温情与和谐，相信学校的德育之花将开得更美、更艳丽、更多彩。

第三节　德润教育的构想——广西贵港市高级中学

贵港市高级中学历史悠久，从清光绪三十三年（1907 年）至今，逾越了百余年。历经百岁之遥，长途跋涉，几许沧桑，几番风雨，几度辉煌，在广西大地上留下令人难忘的足迹。正是：悠悠圣湖百春秋，峥嵘岁月意风流，桃李满园花千树，造就英才泽神州。

一、校名沿革

一百多年间，学校沿革由最初的贵县县立高等小学堂（1907 年 –1913 年）——贵县县立中学（1913 年 –1923 年）——贵县县立初级中学（1923 年 –1944 年）——贵县县立中学（1944 年 –1959 年）——贵县高级中学（1959 年 –1970 年）——贵县工农师范学校（1971 年 –1978 年）——贵县高级中学（1978 年 –1988 年）——贵港市高级中学（县级）（1988 年 –1996 年）——贵港市高级中学（地级）（1996 年至今）。

二、创建历史

(一) 在新旧交替中诞生 (1907 年)

清光绪三十年 (1904 年)，本县名士陈继祖 (字仲萱) 发起筹建 "贵县县立高等小学堂"，并捐赠礼堂及土地 (现达开高中东校园校址) 建筑校舍，还赠送经史古籍百余种。校舍费时一年余始告落成。1907 年，开始向全县招生。首任堂长 (即现在的校长) 为陈松年。

创始人陈继祖 (1874–1937)，曾任旧桂系广西督军署参谋长、广西烟酒税局局长。1937 年病逝，终年 63 岁。陈继祖对办学甚为热心，亲赴浔敦聘教师，途中，曾被土匪掳去勒赎，后经多方营救才恢复自由。当时聘用的教师如江苏陆规亮、施企由及桂平温葆和 (曾留学日本) 都是学识渊博的人，尤富维新思想，学生很受他们的影响，贵县县城空气为之一新。1913 年，贵县县立高等小学堂共办了小学六个班，简易师范两个班。

(二) 在民族觉醒中成长 (1913 年 ~1937 年)

1913 年，贵县县立高等小学堂为适应高小毕业生日益增多的需要，改为 "贵县县立中学"，春季期招收四年级新生一班。1922 年秋，在时任贵县教育局长罗润亭 (现享誉国内外的太平天国史学家罗尔纲的父亲) 的支持下，著名革新人物陈勉恕到贵县县立中学接任校长。1923 年陈校长从上海、北京考察教育回来，将旧制四年制中学改为三年制，并将校名改为 "贵县县立初级中学"。陈任职期间，从南宁请来进步教师雷天壮、雷沛涛等人，并提倡新文化。1926 年春授意学生杨翰峤等人组织 "微熹青年社"。这一时期的教育活动，为 1926 年 6 月贵县第一个共青团组织——贵中团支部的建立和 1927 年夏贵县开始建党作了思想准备。

1927 年 7 月底，省府派潘乃德先生接任校长，潘校长重用贤才，亲自到广州物色学识高深之士当教师。如美国哥伦比亚大学硕士黄华照任英文教员，岭南大学文学士许羌仇、国民大学文学士吴笑生任国文教员，北京

大学文学士梁式任文史教员。这些教员有真才实学,深受学生欢迎,学风校风焕然一新。

1931年,省府委派罗尔棻继任校长。罗校长在罗尔纲的建议下开始招收女生和重建图书馆。罗校长在任期间,发扬过去优良传统,又聘学识渊博之士如我县著名人士罗尔纲、梁岵庐等人任教。1932年,以新制第八班学生参加广西第一届中等学校会考获全省第一,省主席黄旭初来县视察时,特加赞许。1934年春,罗校长深感培养小学师资及增强建学设备之重要,乃分期招收四年制简易师范两班,并改建校门东座为楼房,增设理化教室及仪器室于楼上,又将礼堂楼上改为图书馆。毕业于本校的知名人士有时任全国总工会秘书长谭寿林、中共贵县县委书记陈培仁、中共广西临时省委委员李秀农、中共广西特委委员杨威汉、贵县抗日民主政府县长谭镇邦、数学教师雷天壮等。

(三)在战争烽火中磨炼(1937年—1949年)

1937年刘运祯继任校长,适遇抗日战争爆发,同学们爱国热情高涨,纷纷组织抗日宣传队下乡宣传。1938年冬,有十多名同学自动参加学生军。从1938年冬起,日机频繁空袭,市区房屋被毁,群众死伤惨重,刘运祯校长倡言迁校。1939年夏,刘震林继任校长时,全校迁至石龙北东乡(现覃塘区山北乡)的尚龙岩附近。1939年冬,日军已侵占南宁,尽管前线炮声隆隆,而偏于石龙尚龙岩之校舍弦歌不辍,教学活动不停。

1940年11月,南宁克复,敌我双方形成相持阶段。1941年春,学校迁回县城,由六个班扩至十二个班,教室宿舍也随之增建。1943年收用东湖北郊民地60多亩建筑高中部校舍,1944年秋建成教室、宿舍、膳厅及教师住房。时年秋招生高中两班,从此贵港市高级中学成为完全中学。岂料入学刚一月,日军进逼,学校奉令停学,将重要图书仪器疏散到达开乡,不幸日军沿贵桂毗连之山脉直逼我县境,该乡正首当其冲,全校师生惨淡经营、积聚数十年之一万二千余册贵重图书及足供学生分组实验之仪器,全被敌、伪军(汉奸)和乡愚毁劫。

1945年5月，日军败退，县城光复；8月，日军投降，抗战胜利，贵港市高级中学高初中班于9月复课。1946年2月卢豫冬任校长后修复高中部校舍，高中班迁出旧址上课，并继续分春秋两季招生。到贵县解放时，在校学生计高中七个班，初中十个班，学生928人。毕业于本校的抗日英雄有少尉飞行员雷廷枝，英勇就义的赖志廉、甘松洲、梁家麟等。

中华人民共和国成立之前贵县是桂东南交通中心，反动派与地下党十分注意这个据点的争夺，贵港市高级中学当时就是敌我矛盾集中与斗争的焦点之一，围绕校长一职曾展开了激烈的争夺。

（四）在时代激流中新生（1949年—1978年）

1949年12月初，贵县迎来了解放。贵县县立中学作为贵县最高学府被人民政权接管，县长梁寂溪兼任校长。后甘文诏校长按照县委指示，率同教师实地踏勘选点，最后决定在圣塘现校址征用民地兴建贵县中学高中部校舍，校舍兼有水塘（圣塘）一张。1953年初动土，1954年夏投入使用，可容纳高中十二个班。高中迁新址同时，初中部校舍与达开初中对换，城内旧址全部让给达中，贵港市高级中学初中部除占有达中原址（现贵港职业学院）外，兼有东湖北岸高中部圃址（现市福利院）。

1958年，贵港市高级中学高初中在校学生20个班，人数达到1428人。当年高考考取大专学校115人，占毕业人数95%，语文科平均成绩居地区各校首位，语文教学现场会到贵港市高级中学召开。11月3日，贵港市高级中学高初中部分设"贵县高级中学"和"贵县初级中学"。

1961年5月，教育厅批准贵港市高级中学为全区二十六所重点高中之一。据1956年至1965年统计，共培养高中毕业生2010人，考上大专学校1126人，平均升学率为57.2%，其中考上清华大学、中国科技大学的有谭伯康、梁泽斌等数人。

1966年6月，经过两年多的动乱，1968年7月，所有在校各年级共十二个班学生，一律毕业离校。同年10月，作为革委会成立后第一批招生，各公社推选"红苗"共400多人入学，编成九个班（81—89班）就读，于 1970 年 7 月毕业。此后，县革委会下令将贵港市高级中学改为"贵县工农师范学校"，招生四个班，外兼不定期举办师资培训班。1976 年底县委下令将圣塘校舍与附城高中校舍对换。1977 年高考恢复考试，1978 年春又在附城高中的基础上将贵县高中恢复。经过数十年的风风雨雨，至此，贵港市高级中学获得了新生。

（五）在改革开放中发展（1978 年—2000 年）

贵高恢复后，从各公社高中调进一批骨干教师。县里拨款 20 多万元修建学校。1985 年增招初中班，每年两班，计有高中二十个班，初中四个班，高初中学生 1249 人，此外又附设小学六个班，学生 240 人。全校有初高中教师 80 人。1987 年，贵港市高级中学举行了建校 80 周年大庆。

在此期间，学校升学率有起有伏，最佳年景的 1980 年毕业学生一个班 46 人，大学升学率为 47.8%，位居地区八所重点高中第三；1981 年毕业学生三个班 131 人，大专升学率为 40.45%，位居地区第二，英语单科成绩曾居地区第一。从 1984 年至 1986 年，全校高中共毕业 18 个班 782 人，考上大专学校 304 人，考上中专 98 人。1992 年，贵港市高级中学学生覃育梅在当年高考中以 570 分的成绩夺取广西文科状元，成为贵港市高级中学恢复高考以来的第一个全区状元。1997 年，贵港市高级中学举行了建校 90 周年大庆。

改革开放以来，贵港市高级中学获得了长足发展，办学条件不断得到改善，学校教学质量稳步提高，社会地位日益提高。

（六）在世纪曙光中腾飞（2000 年—现在）

进入新世纪，创建示范性普通高中成为学校的战略目标。贵港市高级中学把握机遇，2001 年正式成为广西示范性普通高中立项建设学校。按照示范高中的建设要求，贵港市高级中学将附属初中剥离，在圣湖西面征地60 余亩，创办了股份制的民办中学——圣湖中学。

2002 年底，贵港市高级中学顺利通过自治区教育厅组织的示范性普通高中验收评估，成为广西首批示范性普通高中，实现了学校的又一次跨越式发展。2004年，贵港市高级中学应届毕业生梁颖宇以综合分900分的成绩摘取了"广西理科状元"的桂冠。2007年百年校庆前，罗尔纲纪念馆在图书馆四楼建成，建筑面积约1000平方米；校史馆在图书馆五楼建成，建筑面积约200平方米。2007年9月，贵港市高级中学举行了建校100周年大庆。2009年通过自治区教育厅组织的示范性普通高中复查评估。

图1　贵港高中罗尔纲纪念馆

截至2017年2月，学校有教职工近300人，专任教师252人，其中特级教师5人，中学高级教师97人，"21世纪园丁工程"A类培养对象13人，国家级骨干教师培养对象5人，全国模范教师1人，全国优秀教师5人，全国五一劳动奖章1人，全国体育工作先进个人1人，全国劳动模范2人，广西五一劳动奖章2人，自治区优秀班主任4人，自治区优秀教师6人，自治区基础教育名校长、名师培养对象2人，贵港市首届教坛明星3人、学科带头人13人、骨干教师7人，贵港市专业技术拔尖人才、优秀青年科技人才11人，贵港市十大杰出青年1人，享受贵港市政府特殊津贴8人，有硕士学位或研究生学历的教师60人。

目前，学校有78个教学班，在校学生5000多人。学校注重学生综合素质的培养，有微熹青年社等锻炼能力的学生社团22个；搭建有话剧晚会、跳蚤市场、远足踏青、十大歌手、文艺汇演、爱心义卖、模拟联合国、社区服务、科技体育艺术周等众多展现风采的平台。学生在各种活动中获奖达1900人次，15人获全国青少年书画大赛金奖，37人获全国中学生英语能力竞赛决赛一等奖。学生在对外活动方面也取得了成效，参加了第六期全国各民族中学生暑期同心营（南通）活动、全国学生模拟联合国活动等；获贵港市"和为贵"文化节青少年课本剧大赛一等奖；学校机器人兴趣小组、航模社等在广西青少年科技大赛中获奖。贵港市高级中学在贵港市中学生运动会中实现了六连冠。2008年，学生李倩桦作为贵港市唯一的高中学生火炬手赴百色传递奥运圣火。学校着力培养学生的创新能力，2010年以来，全国各学科竞赛5人获银牌，10人获铜牌，44人获省级一等奖。

近年来，在贵港市委、市政府以及市教育局的亲切关怀和正确领导下，学校确立了"办好人民满意的学校"的办学宗旨，提出了"强化爱与责任，共建和谐贵高"的学校核心价值观和"让每一个学生都赢得未来"的办学理念，形成了"敢为人先、臻于至善"的学校精神，树立了"教育无小事，事事皆教育；管理重细节，节节见科学"的管理理念，着力培养"明义端方、齐圣广渊"的时代新人。通过改革创新，建章立制，规范管理，贵港市高级中学进一步凸显了"德润教育"的特色，逐步走上了内涵式的科学发展道路，成为享誉广西区内外的八桂名校。学校先后被授予"全国教育科研先进单位""全国绿色学校创建活动先进学校""全国学校体育卫生工作先进单位""全国高中化学竞赛优秀学校""全国美术教育优秀单位""中国教育学会科研规划重点课题实验基地""广西五一劳动奖状""自治区文明单位"、广西高中课程改革学生综合素质评价样本学校、"广西绿色模范单位""自治区卫生优秀学校""广西校本教研先进单位""自治区语言文字规范化示范校""第一批广西基础教育科研基地学校"、全区教育系统"五一巾帼标兵岗"等一百多项荣誉称号。高考成绩尤其突出，一直名列广西前茅，连年荣获贵港市"高中教育质量特等奖"。1992年，覃育梅同学摘取了"广西文史外语类状元"的桂冠；2004年，梁颖宇同学摘取了"广西理科状元"的桂冠；2009年，蒋杰庆同学勇夺广西文科综合状元；2016年，一本上线人数突破900大关，达908人，上线率为76.5%。二本以上人数1179人，上线率99.66%。黄英同学荣获政治科状元。

历年来，有10余人次荣获广西单科状元；有3人被香港中文大学录取；有1人被澳门大学录取；有58人被清华大学、北京大学录取。

三、校园文化

(一)德润教育，彰显特色

自2013年1月开始，学校启动校园文化建设工作。在文化探索中，学校多次向市教育局老局长、老领导、现任领导，前几任校长、老支书、老教职工和在职全体教职工、各界人士等征求意见，经山东省校园文化研究中心以及以管升起校长为核心的学校校园文化研究团队多方论证，又经过十一届三次教代会讨论通过，认为打造德润教育作为贵港市高级中学的办学特色比较符合学校的实际。

(二)德润教育概念的定位

德，即美德、德行；润，即滋润、润泽。"德润"即以德润之。"德润教育"就是以德行润泽启发人。"德"是全校上下的文化基调，"润"是育人手段。德"是整个理念系统的基础，是整体文化的基调；"润"深刻展现着学校"春风化雨、润物无声"的教育追求，是在当前素质教育的大背景下，实现"让每一个学生都赢得未来"办学理念的有效育人手段，饱含着"因材施教""尊重差异"的教育智慧，同时"润"受启发于学校与圣湖的密切渊源，体现着学校依圣湖而建之地域特色，力求将圣湖水滋润学校沃土、圣湖精神润泽师生心灵的现状运用于教育教学过程，是对广渊沉稳、润泽万物圣湖精神的深刻挖掘。

"德润教育"作为学校全力打造的品牌，代表着学校一贯的教育标准和规则，渗透、融入各项工作的方方面面，对师生成长及学校发展都具有重要意义。管理层民主亲和，力求用自身高尚德行润染师生心灵，充分调动教师的工作干劲和激情，激发学生的学习兴趣和求知欲，造就全校上下崇德尚德的良好风气；教师美德加身，精研学问丰厚知识底蕴，率先垂范提升人格修养，力求用广博学识滋润学生智慧，以高尚修为润泽学生品德，注重学生的内在感悟，追求启发式教学，使得知识之甘霖如春雨润物一般悄无声息地洒进学生内心；全校上下合力共建的是美德昭昭、绿色和谐的校园环境，一花一草、一石一木，每一面墙壁、每一间学室，都饱含浩然之气，尽显和畅风格，旨在以优雅的环境氛围浸润师生品质，潜移默化中影响其言行举止；全体师生追求的是以德为本的人际关系，"人和"之风充斥于学校的角角落落，润色着师生言行，使其举手投足间品格尽显，一言一语中美德展现。同时，"德润教育"统领着学校的整套课程体系，倡导因材施教的启发式教学，从顺应教育形式的课程改革到学校关于教育教学方法的研究，学校都坚定不移地以此为中心展开。

"德润教育"既承载着中华民族文化传统又闪烁着时代的精神，她仿佛一汪活水，汇集了全校师生敢为人先、臻于至善的巨大力量，使学校教育永葆育人活力。

(三) 德润教育的基础积淀

1. 从学校构建的理念系统来看

（1）校训方面："立德明智、协和创造"之训是对"德润教育"理念的顺承和延展，是对"德润文化"的具体实践和落实，三者相辅相成，共同引导着整套理念文化各款项。

（2）校风方面："明义笃诚、尚和竞先"的校风与"德润文化"一脉相承，强调的是仁义、诚信与尚和，力求此三种美德时刻润泽师生心灵，启迪师生言行，实现学校长远、健康发展。

（3）学校精神方面："敢为人先"就是对无限宇宙的永恒探索，侧重于外在的追求；"臻于至善"就是对内心道德律的永远坚守，侧重于内在的担当。二者相辅相成，缺一不可。以此作为学校精神，体现了"德润教育"永不止步、追求卓越的动态过程以及学校争当教育佼佼者的决心和信心，预示着学校光明的发展前景，引导学校师生上下一心，团结共进，自强不息，共创教育辉煌。

（4）办学理念方面："让每一个学生都赢得未来"是"和为贵"贵港精神的写照，即全面育人，不让一个学生掉队；终身发展，让每个学生都能成功，是"德润教育"所追求的结果。学校力争让每一个学生都得到不同程度、不同层面、不同形式的发展；让每一个学生都能在校园里找到、接受适合自己的教育；让每一个孩子都有亮点和自信，张开理想的风帆，实现个性发展。它是以学生为本的教育价值取向。学校坚持学生发展主体地位不动摇，坚持全员育人不动摇。这一教育理念既是时代的要求，也是促进学校发展的必由之路。

2. 从学校地理位置特点看

从校址变迁可以看出，贵港市高级中学的历史发展与水的密切联系，从郁江、东湖到现址——圣湖，都有浓浓的水印记。水与润密切相关。水具有兼容、排他、净化、流动、变幻、聚能等属性。从学校教育的特质来看，润尤其合适。教育在人的发展过程中，发挥着促进个体的社会化和个性化，增强个体享用意识和能力的功能。学校教育哺育着孩童们的心灵，引领着千千万万学生茁壮成长，如水一般，润物无声。学校→教师、教师→学生、学校→学生；同时也有反哺功能：学生→教师、学生→学校、教师→学校……相互融合共生，形成百年贵高文化。

图2　贵港市高级中学圣湖美景

四、深挖历史、底蕴深厚

贵港市高级中学深入挖掘本校的历史，结合当前社会发展形势，对教学楼、宿舍楼、主要道路进行了命名，体现了贵高作为百年名校的深厚底蕴。

（一）教学楼

教学楼的命名以教育部提出的"立德树人"根本任务与学校校训"立德明智、协和创造"为基础，根据各个年级不同的特点予以命名。

图3　贵港市高级中学教学楼

1.高一年级教学楼：启德楼

命名取义：启德，即开启美德、启发道德。作为高一年级教学楼楼名，寓意新生刚步入校园首先要充分理解美德的内涵，树立起涵养美德的追求，开启追寻美德之门，以德为先前行于求学立品之路。来自圣湖的三块石头形成一个品字，即"三品石"，表示"品格、品质、品位"，寓意做人讲品格，学习讲品质，生活讲品位。

2.高二年级教学楼：明德楼

命名取义：明德，语出《大学》开篇："大学之道，在明明德。"意思是彰显光明正大的品德。作为高二年级教学楼楼名，寓意高二同学在"启德"基础上对自身美德的进一步提升和践行，呼应着"明义笃诚、尚和竞先"的校风。明德方可明智，呼应着"立德明智、协和创造"的校训。

3.高三年级教学楼：立德楼

命名取义：立德即树立德行，是继启德、明德之后更高层次的要求，是师生涵养美德的最终目标。作为高三年级教学楼楼名，寓意高三同学德行的树立需要积淀丰厚的学识，形成良好的习惯，为求学立品指明方向。

(二) 宿舍楼

宿舍楼的命名出典于清光绪三十年（1904年），贵县名士陈继祖（字仲萱）发起筹建"贵县县立高等小学堂"（贵高前身），并捐赠礼堂及土地（位于贵县西五街）建筑校舍。光绪三十二年（1906年）陈继祖用自家宅地怡园创办贵县第一所女校——坤德女学，并且当时是男女小学同时创办建成。故男女生宿舍的命名相互对应，一"乾"一"坤"。

图4　贵港市高级中学宿舍楼

1. 男生宿舍楼：乾德园1号、2号、3号

命名取义：乾德，语出曹植《鹖赋》："体贞刚之烈性，亮乾德之所辅。"乾，象征男性，乾德即刚健之德。男生宿舍以此为名，寓意学校男生需涵养君子之德，启发男生学习、生活要自信自立，为人处事要行健有为。

2. 女生宿舍楼：坤德园1号、2号、3号

命名取义：坤德，出典于光绪三十二年（1906年）贵县邑绅陈继祖（贵高创办人）用自家宅地怡园创办的坤德女学。"坤"与"乾"相对，象征女性。《易·杂卦传》有云："乾刚坤柔。"女生宿舍以此为名，寓意学校女生需养就贤淑美德，待人接物落落大方，举手投足温婉和柔，彰显高雅气质。

（三）主要道路

设计思路：以学校变迁地址为思路设计。学校校址几经变迁，由最初

的校址西五街，到抗战时期搬迁到离县城60公里的山北乡尚龙岩，再到东湖北边，最后到如今的圣湖（原名圣塘）南畔。

1. 进学校大门向西道路（启德楼与教工宿舍之间）：西五路

命名取义：清光绪三十年（1904年），贵县名士陈继祖（字仲萱）发起筹建"贵县县立高等小学堂"（贵高前身），并捐赠礼堂及土地（位于贵县西五街）建筑校舍，还赠送经史古籍百余种。校舍费时一年余始告落成。1907年，开始向全县招生。首任堂长（即现在的校长）为陈松年。贵县县立高等小学堂的建成、"微熹青年社"的成立、贵县第一个共青团组织——贵中团支部的建立、招收女生并实行男女同校等，都开创了贵县教育的先河，体现了贵高人"敢为人先、臻于至善"的精神。因此，为纪念贵港市高级中学曾经在贵县西五街办学，且本道路位于校园西边，故取名为西五路。

2. 立德楼、明德楼与科学楼、办公楼、图书馆之间道路：尚龙路

命名取义：1938年冬起，贵县县城频遭日寇飞机空袭，许多房屋被炸毁，群众死伤惨重。1939年1月24日，日寇飞机轰炸贵港市高级中学（原贵中）球场，幸无师生受伤。同年6月中旬，为了师生的安全，学校只得搬迁到离城60公里的山北乡尚龙岩的山洞里上课。尽管办学条件极其艰苦，但教学活动不断，学生仍然刻苦读书，直至1941年春才搬回县城上课。龙是中华民族的象征，龙的精神是中华民族自古以来所崇尚的奋斗不止、自强不息的进取向上的民族精神。崇尚龙的精神，弘扬一种纵横江天浩然宇内的民族大气，为实现中华民族伟大复兴提供源源不断的动力。这正是贵高深厚的校园文化内涵的源泉。因此，为纪念贵港市高级中学曾经在贵县山北乡尚龙岩办学，崇尚龙的精神，故取名为尚龙路。

3. 进学校大门向东道路：湖东路

命名取义：1943年，由于初中毕业生逐年增加，县间人士积极倡议创办高中部，时任县长罗福康表示支持。逐于当年在贵县东湖北边征地60多亩建筑贵中新校舍，1944年建成。时年秋开始招收两个高中班，至此，贵县县立中学成为完全中学。因此，为纪念贵港市高级中学曾在贵港市东

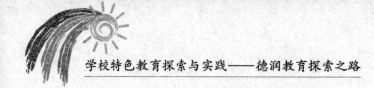

湖北边办学，又因本道路位于现校址的圣湖（原名圣塘）东南面，故取名为湖东路。

4.食堂至游泳池的圣湖边道路：圣塘路

命名取义：1949年12月初，贵县迎来了解放。贵县县立中学作为贵县最高学府被人民政权接管，县长梁寂溪兼任贵港市高级中学校长。后甘文诏校长按照县委指示，率同教师实地踏勘选点，最后决定在县城北郊最高地（当地人称为岭顶）的圣塘南边征地160多亩兴建贵县中学高中部校舍，校舍兼有水塘（圣塘）一张（后因建水渠，把圣塘拦截为大、小圣塘两张）。新校舍于1953年初动土，1954年夏建成，可容纳高中十二个班。同年秋，高中部搬到新校舍，成为县内第一所校舍独立的高中，并正式改名为贵县高级中学。1961年5月，经自治区教育厅批准，贵县高级中学被定为自治区26所重点中学之一。因此，为纪念贵高先辈以睿智的眼光选定圣塘之畔这片神奇的土地作为校园，故取名为圣塘路。

结束语

　　教育是"以文化人，以德润心"的文化活动。教育的指向是不断发展着的主体的个性生命生成，它的最终目的，是把既有的客观精神（文化）中的真正富有价值的内涵分娩于主体之中。学校正是传播文化并将其真正价值"分娩于主体之中"的地方。学校文化活动的核心是一种使命与精神，是置于学校顶层、超越学校权力之上的文化价值认同和师生共守的承诺与愿景，它的最高指向是"真、善、美"。

　　古语有云："真者，精诚之至也；不精不诚，不能动人。"故育人要真，一份伦理之真，认识之真，实践之真，为师者忠诚教育、诲人不倦，求学者笃信好学、励志进取。校园内处处洋溢着一种诚信自律、慎独谨行的景象，师生们在知行同一中博闻强志、成己为人，在情境体验中立德润心、明志致远。

　　育人亦需善，诗曰："信师行师，自可名师；知善致善，是为上善。"故丰富多彩的教育实践活动的实质和使命，蕴含了鲜明的以善为美的价值取向，传递爱心善意，力求臻于至善。在追求卓越的教育活动中让每一个普通生命的个性特长尽情绽放，进而在个体心灵深处植下善的种子。

　　但凡以真和善育人的行为都是美的，其目的在于文化的陶冶和人格的发展，其结果必是一种内在的深厚的持久之美，而绝非浅薄短暂的时尚之美。见义勇为、爱心助盲、拾金不昧等善行义举已是他们内化为习惯的精神价值和生活方式。其行为给人以情感的感染和心灵的震动，能让"高山仰止，景行行止，虽不能至，然心向往之"的思想情怀油然而生。

　　总之，人的生命成长是内在的、无形的、漫长的，而且是静悄悄的。因此，真教育是在无声无形中润心化人，是内化在学生生命中的，潜移默化的东西。以人为本，尊重生命，让教育回归朴素与本真。

参 考 文 献

[1] 孙孔懿.学校特色论 [M].北京：人民教育出版社，1998.

[2] 霍华德·加德纳.智能的结构 [M].北京：人民大学出版社，2013.

[3] 席勒.美育书简 [M].北京：社会科学文献出版社，2016.

[4] 郭思乐.教育走向生命 [M].北京：人民教育出版社，2001.

[5] 安文铸.走进基础教育的真实世界 [M].社会科学文献出版社，2005.

[6] 时晓玲.优秀校长的管理智慧 [M].北京：教育科学出版社，2010.

[7] 赵玉英，张典兵.德育理念论 [M].北京：中国文史出版社，2015.

[8] 王振宇.适合是最好的教育 [M].武汉：华中师范大学出版社，2011.

[9] 王建华.教育的意蕴与教育学的想象 [M].福州：福建教育出版社，2015.

[10] 邓小华.教育的智慧与情怀 [M].北京：同心出版社，2008.

[11] 潘友刚，钱立群.教育学 [M].武汉：华中师范大学出版社，2003.

[12] 袁本新，王丽荣.人本德育论 [M].北京：人民出版社，2008.

[13] 顾明远.教育大辞典 [M].上海：上海教育出版社，1990.

[14] 张楚廷.张楚廷教育文集 [M].长沙：湖南人民出版社，2012.

[15] 冯建军.生命与教育 [M].北京：教育科学出版社，2007.

[16] 苏振芳.当代国外思想政治教育比较 [M].北京：社会科学文献出版社，2009.

[17] 蔡昌卓.东盟品德教育 [M].桂林：广西师范大学出版社，2015.

[18] 郭元祥.综合实践活动课程与教学论 [M].北京：人民教育出版

社，2013：207–215.

[19] 任卫东 . 马克思恩格斯选集 [M]. 北京：人民出版社，1995：248.

[20] 李静 . 学校特色建设思考与实践 [M]. 北京：光明日报出版社，2012.

[21] 龚春燕 . 中小学特色学校建设策略 [M]. 北京：教育科学出版社，2013.

[22] 钟燕 . 特色学校：教育发展的内涵突破 [M]. 重庆：重庆出版社，2010.

[23] 赵国忠 . 如何创建特色学校 [M]. 南京：南京大学出版社，2012.

[24] 程振响 . 特色学校创建的理论与实践 [M]. 北京：高等教育出版社，2012.

[25] 方铭琳 . 区域教育和学校发展的特色策划：理论概述、实务操作、案例经典 [M]. 北京：北京师范大学出版社，2011.

[26] 赵国忠 . 如何创建特色学校 [M]. 南京：南京大学出版社，2012.

[27] 袁先潋 . 学校文化力建设策略 [M]. 重庆：西南师范大学出版社，2009.

[28] 周新奎 . 基础教育学校文化建设研究与实践 [M]. 山东：山东教育出版社，2010.

[29] 单中惠 . 现代教育的探索 [M]. 北京：人民教育出版社，2003.

[30] 梅休 . 杜威学校 [M]. 上海：华东师范大学出版社，1991.

[31] 拉格曼 . 一门捉摸不定的科学：困扰不断的教育研究的历史 [M]. 北京：教育科学出版社，2006.

[32] 杜威 . 学校与社会·明日之学校 [M].. 北京：人民教育出版社，2006.

[33] 檀传宝 . 学校道德教育原理 [M]. 北京：教育科学出版社，2001.

[34] 李春波 . 论中学生的德育 [D]. 沈阳：辽宁师范大学，2007.

[35] 蔡琴，方军，宗薇，等 . 运用叙事教学法对精神科护生进行人文关怀教育的探讨 [J]. 护士进修杂志，2016，31(1)：61–63.

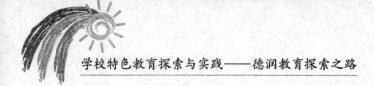
[36] 郭瑜洁，姜安丽，叶旭春等.护理人文关怀教学模式的应用效果研究 [J]. 复旦教育论坛，2014，12(2)：109–112.

[37] 刘义.德育的现实困境与出路：从"道德之应当"到"德育之应当" [J]. 南昌大学学报，2015，46(04)134–141.

[38] 王岩.新时期习近平教育立德树人思想溯源及基本内涵探究——以促进我国基础教育事业发展的视角 [J]. 黑龙江教育学院学报，2018，37(4)：1–3.

[39] 程学礼，赵燕云，郑国兵.化学化工专业德育浅析 [J]. 广州化工，2015，43(18)：200–202.

[40] 欧阳斐.当前美国学校道德教育理念及实现方式 [J]. 湖南师范大学教育科学学报，2017，16(6)：97–100.